한 권으로 끝내는 아홉 가지 직업 이야기

진로독서 워크북

진로독서 워크북

초판 1쇄 2015년 3월 16일

엮은이 (사)전국독서새물결모임
펴낸이 조영진

펴낸곳 고래가숨쉬는도서관
출판등록 제406-2012-000082호
주소 경기도 파주시 문발로 115, 302호(문발동, 세종출판벤처타운)
전화 031-944-9680 팩스 031-945-9680
홈페이지 www.goraebook.com 이메일 goraebook@naver.com

ISBN   978-89-97165-91-9 44020
　　　　978-89-97165-35-3 44020(세트)

이 도서의 국립중앙도서관 출판시도서목록(CIP)은 서지정보유통지원시스템 홈페이지(http://seoji.nl.go.kr)와
국가자료공동목록시스템(http://www.nl.go.kr/kolisnet)에서 이용하실 수 있습니다.(CIP : CIP2015005131)

교수
의사
경찰관
군인
동물학자
생명과학자
요리사
가수
호텔리어

중등

한 권으로 끝내는 아홉 가지 직업 이야기

진로독서 워크북

(사)전국독서새물결모임

고래가
숨 쉬는
도서관

행복한 진로교육의 정착을 위한
진로독서 워크북

학교 독서교육은 교양독서, 교과독서, 진로독서의 세 영역으로 구성되어 있습니다. 교양독서는 교과와 특별한 관련이 없는, 그러나 교양이 되는 내용의 독서를 말하고, 교과독서는 국어·수학·사회·과학·예술 등의 교과교육과 관련되는 내용의 독서를 말합니다. 그리고 진로독서는 학생의 흥미, 적성, 소질, 진로 탐색을 위한 독서를 의미합니다.

앞으로 독서교육을 활성화하고, 도서관 활용 독서교육과 교과연계 독서교육이 정착되기 위해서는 위 세 영역의 독서교육이 자리 잡아야 합니다. 꿈과 끼를 키우는 교육을 위해서도 진로독서를 포함한 독서교육에 대한 인식 전환이 필요합니다. 우리 아이들이 행복하게 자신의 미래를 설계하고, 자신이 설계한 꿈을 이루도록 돕기 위해서 독서교육은 매우 중요합니다. 따라서 교양독서와 교과독서 그리고 진로독서 이 세 영역의 독서는 초등학교에서부터 고등학교에 이르는 전 교육과정에서 두루 시행하는 것이 좋습니다.

최근 진로독서가 교육계의 새로운 화두로 떠오르고 있습니다. 이에 사회적 기업인 우리 법인에서도 초·중·고 모든 학교 학생들에게 필요한 〈진로독서 가이드북〉을 개발, 출판하여 좋은 반응을 받은 바 있습니다. 이 연구는 먼저 한국표준직업분류와 국제분류기준을 반영하여 세세분류 1,206가지 중, 52개의 중분류를 기준으로 각 직업군을 분류하고, 교육과정의 교과정보에 맞춰 학생들의 발달 단계에 적절한 책을 선정하였습니다. 그리고 진로토론 등 진로에 대한 다양한 발문을 개발하여 진로교육을 돕는 〈진로독서 가이드북〉으로 출판한 것입니다.

우리 법인은 이러한 연구 활동의 후속 프로그램으로 〈진로독서 워크북〉을 개발하여, 자유학기제를 운영하고 진로교육을 실시하는 학교에 도움을 드리려 합니다. 〈진로독서 워크북〉은 초등 10개, 중등 9개의 주요 직업군을 선정하고, 직업군별 대상 도서를 선정하여 진로독서 활동을 전개할 수 있도록 구성하였습니다. 특히 우리 법인에서 개발한 이야기식 독서토론의 진행 방식을 원용하여 1단계는 배경지식에 관한 발문을, 2단계는 책 속에서 독후 활동을 겸한 진로 찾기 발문을, 3단계에서는 책 밖에서 진로 찾기 발문을 순서대로 수록하였습니다. 각 직업군별로 세 권의 진로독서를 통한 진로 찾기를 끝내면, 마지막 단계는 인터뷰와 현장 체험 등의 진로 탐색 활동을 체험해 볼 수 있도록 개발하였습니다.

덧붙여 진로독서를 지도하는 선생님들을 위해 우리 법인이 부설 운영하는 〈미래를 여는 세종교육원〉의 원격연수 과정을 개발하였습니다. 〈진로독서지도사〉 자격 과정으로 운영되는 이 과정에는 〈진로독서 가이드북〉과 〈진로독서 워크북〉 활용 사례와 지도 방법 등을 원격강의를 통해 좀 더 자세하게 학습할 수 있습니다.

진로독서는 우리 아이들을 미래 사회의 행복한 주인공들로 만듭니다. 이 책은 진로와 독서를 융합하여 보다 효율적이고 내밀화된 진로를 준비하여 학생들에게 행복한 진로독서 프로그램을 제공하고자 합니다. 나아가 〈진로독서 가이드북〉과 연계하여 진로독서 활동을 연간 지속적으로 지도할 수 있도록 돕고자 합니다. 이 책을 통해 우리 아이들이 행복한 미래 사회를 준비하며, 자신의 꿈과 끼를 맘껏 발산하는 신나는 학교생활을 하게 되기를 간절히 소망해 봅니다.

끝으로 이 책을 발간하기까지 집필을 위해 최선을 다해 주신 선생님들과 진로독서연구소 연구진의 노고에 깊이 감사 드리며, 편집과 출판을 위해 애써 주신 고래가숨쉬는도서관 관계자 여러분께도 감사의 말씀을 올립니다.

2015년 2월

(사)전국독서새물결모임 회장 **임영규**

최근 교육부는 학생들의 꿈과 끼를 키우는 행복 교육에 관심을 많이 갖고 있습니다. 2016학년도 부터 전국 중학교로 확대 실시되는 자유학기제도 이러한 행복 교육의 구체적 실행방안의 하나입니다. 자유학기제는 획일적이고 주입식 위주인 과거 교육에서 벗어나 자율적이고 창의적인 교육 활동을 통해 학생들의 미래 행복을 위한 교육활동을 펼칠 수 있도록 도울 것입니다.

또한 2015학년도 대학입학 전형 자료인 자기소개서에는 '꿈과 끼'를 병기하였고, 학생생활기록부 진로 란에는 진로 희망 사항과 함께 '희망 이유'를 기록하게 만들었습니다. 중학교의 자유학기제든 고등학교의 진로 희망이든, 꿈과 끼를 키워서 모두가 행복해지는 세상을 만들자는 뜻입니다.

진로교육은 학생들이 자신이 희망하는 삶을 위해 꿈을 꾸고, 그 꿈을 이루도록 돕는 교육활동입니다. 바람직한 진로교육은 지도하는 사람이 중심이 되는 것이 아니라, 미래 사회를 준비하는 우리 학생들이 주축이 되고 그들이 능동적으로 활동할 수 있도록 안내하고 촉진해야 합니다. 그렇기 때문에 진정한 진로교육은 자기주도적인 독서활동을 통해 미래 사회에 필요한 가치관을 체득하고, 필요한 정보를 수집하고 조직하여, 자신의 진로에 필요한 역량을 능동적으로 개발할 수 있어야 합니다. 바로 이런 활동을 수월하게 해 줄 수 있도록 본 법인에서는 중고등학생들이 선호하는 9개의 직업군을 선정하고, 직업당 관련 도서 3권을 선정하여, 독서활동을 중심으로 진로교육이 이루어지도록 개발하였습니다.

각 직업군은 스스로 알아보는 진로지수로 시작하여 직업군에 따른 진로독서 3권에 대해 각각의 독서 활동을 워크지 형태로 다양하게 수록하였습니다. 특히 (사)전국독서새물결모임에서 개발한 이야기식 독서토론의 진행 방식을 원용하여 1단계는 배경지식에 관한 발문을, 2단계는 책 속에서 독후 활동을 겸한 진로 찾기 발문을, 3단계에서는 책 밖에서 진로 찾기 발문을 순서대로 수록하였습니다. 각 직업군별로 세 권의 독서를 통한 진로 찾기를 끝내면, 마지막 단계는 인터뷰와 현장 체험 등의 진로 탐색 활동을 체험해 볼 수 있는 자료를 수록하였습니다.

본 진로독서 워크북의 장점은 중고등학교에 두루 적용 가능하다는 점이며, 9개의 직업군에 대한 진로독서 활동을 단계별로 수록하여 학교 현장에서 선생님들이 손쉽게 활용할 수 있다는 점입니다. 현재 이 책에 수록된 직업군으로 진로 수업을 하게 되면, 4~5명을 1개 모둠으로 구성하여 1모둠 당 1개의 직업군으로 활동하기에 적합할 것입니다.

직업군별로 3권의 책이 소개되었으나 그중 학생이 원하고 선생님이 필요하다고 생각되는 1권의 책을 선정하여 그 책을 중심으로 활용하셔도 됩니다. 직업군 선택 역시 현재 학생이 원하는 직업군이면 더없이 좋을 것이고, 희망하는 직업군은 아니지만 관심이 있는 학생이라도 같은 직업군의 모둠원이 되어 진로독서 활동을 하다 보면 그 직업에 대한 이해가 커지게 되고 더 적극적으로 직업을 탐색해 보는 기회를 갖게 될 것입니다.

다만, 더 많은 직업군을 다루지 못한 아쉬움이 남습니다. 이 책에 수록된 자료와 활동양식을 참고하여 다른 직업군이나 관련 도서로 진로독서 활동을 진행할 경우, 본 자료를 개발한 의미가 커질 것입니다.

이 책을 개발하는 동안 즐겁고 기대에 찼던 이유는 함께하는 집필위원님들의 열성과 추진력을 느꼈기 때문이며, 학교 현장의 선생님들께 조금이나마 도움이 되는 자료를 개발한다는 자부심이 있었기 때문입니다. 그러나 무엇보다 가장 큰 의미는 모든 아이들이 한 명도 소외되지 않고 공평하게 자기에게 맞는 미래를 꿈꾸며, 그러기 위해서 독서를 매개로 자기를 이해하고 진로를 탐색하는 기회를 갖게 하는 데 있었습니다.

'한 권으로 끝내는 아홉 가지 직업 이야기'를 행복한 진로 수업에 목말라 하는 아이들과 선생님들께 바칩니다.

포기하지 않는다면, 어느 순간 꿈은 현실이 된다는 걸 믿으며…….

2015년 3월
진로독서연구소 소장 하미정

인간적 흥미

교수

모리와 함께한 화요일
송인섭 교수의 공부는 전략이다
EBS 다큐멘터리 최고의 교수

교수가 된다면 | 나는 이 직업에 얼마나 잘 맞을까?

 교수라는 직업이 나와 얼마나 잘 맞는지 확인해 볼까요? 직업 적합도 항목을 읽고 해당하는 만큼 별표에 색칠해 보세요.

항 목	평 가	점 수
1. 교수에 대해 얼마나 알고 있나요?	☆☆☆☆☆	/ 5
2. 교수가 하는 일에 얼마나 흥미가 있나요?	☆☆☆☆☆	/ 5
3. 장점과 단점을 모두 고려했을 때 교수라는 직업을 선택할 생각이 있나요?	☆☆☆☆☆	/ 5
4. 교수가 되기 위해 필요한 능력을 갖추기 위해 스스로 노력하고 있다고 생각하나요?	☆☆☆☆☆	/ 5
5. 교수가 되기 위해 독서나 체험활동에 참여할 생각이 있나요?	☆☆☆☆☆	/ 5

※ 별 1개당 1점으로 계산하여 점수를 적어 주세요. (점)

총 점	적합도	목표 직업으로 삼을 경우 고려할 점
21~25	매우 높음	직업 적합도가 매우 높습니다. 이 직업을 목표로 삼고 필요한 능력을 꾸준히 개발하도록 합니다.
16~20	높음	직업 적합도가 높습니다. 적합도 점수가 낮은 부분을 중심으로 보완하도록 합니다.
11~15	보통	직업 적합도가 보통입니다. 꾸준히 관심을 가지고 직업에 대해 알아보도록 합니다.
0~10	낮음	직업 적합도가 낮습니다. 해당 직업과 함께 다른 직업의 정보도 함께 알아보도록 합니다.

점검해 보아요	내가 만약 교수라는 직업에 도전하고 싶다면, 직업 적합도의 검사 결과에 따라 더 노력해야 할 점은 무엇인가요?

독서로 준비해요

진로독서 1   모리와 함께한 화요일

도서	모리와 함께한 화요일	도서정보	미치 앨봄, 모리 슈워츠(공경희) /살림/2010년
교과정보	기술가정, 국어	관련단원	기술가정-진로와 생애설계 국어-자서전 쓰기
직업군	대학교수	진로지수	☆☆☆☆☆

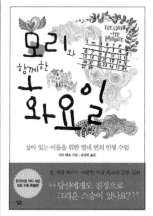

"여러분들껜 혹시 이런 스승이 안 계십니까?"라는 미치의 질문으로 시작하는 이 책은 존경하는 스승 모리 교수의 마지막 강연을 기록한 책이다. 모리 교수는 평생 대학교수이며 사회학자로서 의미 있는 삶을 살았으며, 죽음 앞에서도 제자에게 행복한 삶을 살아가는 마음 자세에 대해 알려 주는 마지막 인생학 강의를 한다. 그의 가르침은 "살아가는 법을 배우십시오. 그러면 죽는 법을 알게 될 것입니다. 죽는 법을 배우십시오. 그러면 살아가는 법을 알게 될 것입니다."라는 것이다. 모리는 다가오는 죽음을 두려워하거나 외면하지 않고 적극적으로 받아들임으로써 세상 사람들을 감동시켰다. 그는 죽음을 통해 삶이 무엇인지, 가족이 무엇인지, 나를 사랑하고 세상을 사랑하는 방법에 대해 다정하게 조언을 해 준다. 앞만 바라보며 바쁘게 가다가 길을 잃은 우리에게 놓치고 잊었던 삶의 가치와 행복한 삶을 만드는 방법을 깨닫게 해 주는 책이다.

책이랑 친해지기

물음 1 '버킷리스트'라는 말의 뜻은 무엇인가요? 스무 살이 되기 전에 꼭 하고 싶은 일 10가지를 쓰고, 그 이유를 친구들과 이야기해 보세요.

물음 2 유명인이 남긴 경구나 묘비 문구입니다. 누구의 말인지 조사하여 완성하고, 나의 좌우명이나 내가 좋아하는 말을 써 보세요.

예) "필생즉사(必生卽死), 필사즉생(必死卽生)." (   )

"오직 한 순간만 나의 것이었던 그 모든 것들"(영국여왕 엘리자베스 1세)

"우물쭈물 하다가 내 이럴 줄 알았다.(I knew if I stayed around long enough, something like this would happen.)" (   )

"에이 괜히 왔다 간다." (중광스님)

"나는 어머님의 심부름으로 이 세상에 왔다가 어머님의 심부름을 다 마치고 어머님께 돌아왔습니다." (시인 조병화)

"나 하늘로 돌아가리라. 아름다운 이 세상 소풍 끝나는 날. 나 가서 아름다웠다고 말하리라." (   )

"모든 일을 남을 위하여 하고, 자신을 위해서는 아무 것도 하지 않은 사람" (교육철학자 페스탈로치)

책 속에서 진로 찾기

물음 3 저자와 '모리'는 어떤 관계인가요?

미치 앨봄과 모리는 (   ) 관계이다.

물음 4 '모리와 함께한 화요일'이란 제목의 의미는 무엇인가요? 그리고 모리의 '생애 마지막 프로젝트'에 대해 정리해 보세요.

> 제목의 의미
>
>
> 생애 마지막 프로젝트

물음 5 모리가 교수가 되기까지 삶의 기록을 정리했어요. 책의 내용을 비교해 보고 O, X로 표시해 보세요.

1. 미치가 16년 만에 모리 교수와 다시 만나게 된 계기는 TV의 토크쇼 나이트 라인에 출연한 모리 교수를 보았기 때문이다. ····················· (   )
2. 미치는 모리의 강의를 들으면서 모리 교수의 별명을 고등학교의 육상 코치처럼 '코치'라고 불렀고 모리 교수는 그 별명을 싫어했다.······ (   )
3. 모리 교수가 전공한 분야는 <젊음: 자기정체성의 위기>, <나와 너> 같은 인간관계를 연구하는 사회학이었다. ······························(   )
4. 미치의 첫 번째 논문 제목은 '미국에서 풋볼이 대중에게 어떻게 큰 영향을 미치는 스포츠가 되었는가'에 관한 것이었고 모리 교수의 도움으로 완성하였다. ···(   )
5. 모리 교수의 첫 직장은 '밤나무집'이라는 정신병원이었으며 브랜다이스 대학 사회학과 교수로서 삶을 살면서 돈이 인생의 중요한 가치가 아님을 깨달았다. ···(   )

물음 6 내가 대학교수가 되어서 출판할 책의 표지를 만들어 보세요. 그리고 책의 내용을 요약해서 쓰고 <3분 강의>를 해 보세요.

▼

강 의 제 목	강의의 주요 내용 (강의안 또는 목차)	강의 듣고 새롭게 알게 된 내용(느낀 점)

☑ 진로 TIP : 먼저 출판할 책의 내용을 목차로 작성하고, 책의 내용을 요약하여 3분 강의안을 작성함. 둘째로 책의 표지 만들기 활동을 함. 셋째로 강의안을 통해 3분 강의를 함. 넷째로 듣는 사람은 강연의 내용을 메모하고 새롭게 알게 된 사실을 기록하는 활동지를 통해 수행평가나 개인 활동 평가지로 활용할 수 있음.

송인섭 교수의 공부는 전략이다

도서	송인섭 교수의 공부는 전략이다	도서정보	송인섭/팝콘북스/2007년
교과정보	진로직업	관련단원	자기주도 학습하기
직업군	대학교수	진로지수	✿✿✿

'교육실험 프로젝트-스스로 공부하는 아이 만들기'라는 다큐멘터리는 중학교 2학년 학생들을 대상으로 6주간의 자기주도 학습 프로그램을 진행하면서 일어난 변화를 다루었다. 자기주도 학습을 통해 6명의 아이들이 성적이 향상되는 과정을 통해 공부와 학습을 진행하는 동안 어디에 집중해야 하는지를 깨닫게 된다. 자신이 흥미를 가지는 분야는 어떤 것인지, 어떻게 공부해야 즐겁게 공부할 수 있는지에 대한 답을 스스로 찾을 수 있게 해 주는 책이다. 평생을 공부를 해야 하고 끊임없이 새로운 지식에 호기심을 가져야 하는 교수를 희망하는 학생에게 공부의 즐거움, 학문의 즐거움을 갖는 방법을 깨닫게 하고, 자신의 삶을 설계하는 방법에 대해 고민하는 시간을 가져보라고 조언하는 책이다.

책이랑 친해지기

물음 1 나는 왜 학교에 다니는지, 나는 왜 공부하는지 그 이유를 써 보고 친구들과 이야기해 보세요.

```



```

☑ 진로 TIP : 지식채널 <왜! 공부하냐구요> 동영상 참고

[물음 2] 예화와 같은 상황에 처해 있다면 어떤 활동을 먼저 할지 순서를 정하고, 그렇게 순서를 정한 이유를 생각나는 대로 써 보세요.

활동1) 한 사람이 사막을 지나고 있었다. 데리고 가던 사자, 원숭이, 양, 말, 소 등의 동물들을 버려야 하는데 어떤 순서로 버릴지 써 보세요.

☆ 먼저 버릴 동물부터 순서대로 작성해 보세요.

활동2) 한 사람이 집에 있는데 수돗물이 넘쳐 잠가야 하고, 전화벨이 울려 받아야 하고, 아이가 울어서 우유를 줘야 하고, 초인종이 울려서 문 열어야 하고, 비가 와서 빨래를 걷어야 하는데 먼저 하는 일부터 순서대로 써 보세요.

☆ 먼저 할 행동부터 순서대로 작성해 보세요.

물음 3 송인섭 교수가 '21세기 인재에게 필요한 능력'으로 꼽는 '자기주도
학습법(Self-directed Learning)'은 무엇인가요?

물음 4 내가 이제까지 했던 일 중에서 성공했다고 느꼈던 일 5가지와 실패했
다고 생각하는 일 5가지를 써 보세요.

성공한 일	실패한 일

물음 5 학교생활에서 남들처럼 해낼 자신이 없다고 생각하는 것 혹은 그렇게
생각했던 것들에 대해 써 보세요.

물음 6 다음 예화 '노교수의 인생사 강의'에서 밑줄 친 사물들의 의미는 무엇인가요? 이야기를 완성하고, 느낀 점과 밑줄 친 사물의 의미에 맞게 자신에 관한 내용을 써 보세요.

어느 유명한 철학 교수가 강의 시간에 커다랗고 투명한 플라스틱 통을 올려놓고 통 속에 탁구공을 넣고 "다 찼습니까?"라고 물었습니다. 이번에는 작은 자갈을 넣고, 다음에는 모래를 붓고 마지막으로 홍차 한 잔을 모래에 쏟아 붓자 학생들이 웃었습니다.

"이 통은 여러분의 (   )이며, 탁구공은 (   )이고, 자갈은 (   ) 모래는 그 외의 (   )들이며 모래를 먼저 넣으면 자갈과 탁구공은 넣을 수 없는 것처럼 인생에서 자질구레한 일에만 신경을 쓰다 보면 정말 중요한 일을 할 수 없을 수도 있어요. 인생에서 가장 중요한 일이 무엇인지 순서를 정해 보세요. 가족과 식사를 하고 사랑하는 친구들과 만남의 시간을 갖고, 건강을 위해 운동하고, 맡은 바 일을 열심히 하고 취미를 가져보십시오. 분명 여러분의 삶은 윤택해질 것입니다."

강의가 끝나자 한 여학생이 "교수님 마지막에 부은 홍차는 무엇입니까?"라고 묻자 "그것은 (   )입니다. 아무리 바쁜 인생에서도 차 한 잔 마실 여유는 있다는 것을 기억하세요." 노교수가 말했습니다.

⇩

● 플라스틱 통-
● 탁구공-
● 자갈-
● 모래-
● 홍차-

느낀 점

☑ 진로 TIP : <인생에서 중요한 것들>, <노교수의 인생사 강의> 동영상 활용

EBS 다큐멘터리 최고의 교수

도서	EBS 다큐멘터리 최고의 교수	도서정보	EBS 최고의 교수 제작팀 /예담/2008년
교과정보	진로와 직업, 국어	관련단원	진로와 직업, 국어
직업군	대학교수	진로지수	✦✦✦

이 책은 EBS 다큐멘터리를 이해하기 쉽게 풀어 쓴 책이다. 정치, 화학, 디자인, 공학 등 다양한 분야에서 최고의 인지도를 가지고 있는 9명의 교수의 교수 방법을 관찰하여 교수란 어떤 일을 하는지, 어떤 자질을 가진 사람들인가를 알 수가 있으며, 최고의 교수는 어떤 방법으로 가르치고, 존경을 받는 스승이 되는가에 관한 답을 주는 책이다. 스승이란 '가슴으로 가르침을 주는 사람, 인생을 살아가는 방법을 알려 주는 멘토'라는 점과 학생들과 더불어 멘토와 멘티의 관계를 통해 배움은 항상 현재진행형이라는 것을 몸소 보여 준다는 점에서 공감과 감동을 준다.

책이랑 친해지기

물음 1 대학교수는 어떤 과정으로 되는지 괄호 안을 채워 보세요.

교수는 대학을 졸업한 후 전공을 정하여 대학원 석사과정을 거쳐 박사학위를 얻어야 하고, 외국 유학을 하기도 하는 데 보통 (   )년의 시간이 걸리며, 시간강사를 시작으로 조교수와 부교수를 거쳐서 교수가 됩니다.
(   ) 교수는 1~3년마다 재계약을 해야 교수가 되기 때문에 끊임없이 연구하고 학생들에게는 우수한 교수로 평가받아야 하는 어려움이 있습니다. 그 외에도 기업의 CEO나 연예인, 소설가, 방송작가, 기업의 연구원 등 다양한 직업에서 전문적 지식이나 능력을 인정받아 (   ) 교수가 되기도 합니다.

☑ 진로 TIP : 대학교수 되는 법, 와시다 고야타, 생각의 나무, 2003.
대학교수가 되는 299가지 방법, 폴그레이, 데이비드 드류, 홍문관, 2012.
교수가 되는 과정에 관해 구체적인 안내를 하는 책들을 참고함

물음 2 대학교수가 되려면 어떤 능력이 필요한가요? 관련된 항목끼리 연결해
보세요.

사물이나 현상의 핵심을 잘 파악하는 능력 •	• 언변력
새롭고 뛰어난 생각을 해내는 능력 •	• 다중지능
다양한 지식을 받아들이고 생각하는 능력 •	• 통찰력
전달하고자 하는 생각을 잘 표현하고 설득하는 능력 •	• 창의력

☑ 진로 TIP : 교수신문: www.kyosu.net
커리어넷: www.career.go.kr 교수 인터뷰 동영상

책 속에서 진로 찾기

물음 3 9명의 교수들은 공통점이 있는데 어떤 점인가요? 괄호 안을 채워 내
용을 완성해 보세요.

9명의 교수들은 철저한 (   ), 과목에 대한 (   ), 질문과 스토리의
힘을 강조한다. 학생을 존중하며 학생들을 가르친다기보다는 학생들로 인해
자신이 배운다는 생각을 가지고 있으며, 공부하고 싶어 하는 교육환경을 만
들어 주는 것을 중요하게 여긴다. 최고의 교수들의 공통점은 (   )과
(   )의 수업 방식이다.

물음 4 이 책에 소개된 교수의 프로필입니다. 프로필을 바탕으로 괄호
안을 채워 '최고의 교수'들의 교육철학을 완성해 보세요.

▼

 학생을 (   )에 빠뜨려라. 현재 이슈가 되고 있는 문제들에 대한 (   )을
통해 철학에 흥미와 열정을 갖게 하라. 스스로 해답을 찾게 하라. 유명한

저서로 (　　　　　　)가 있다. (하버드대 정치철학과 마이클 샌들 교수)

● (　　)를 가르치는 교수, 세상을 바꾼 (　　)의 방정식. 학생이 한 질문에 교수가 답하면 바람직한 강의, (　　)이 한 질문에 (　　)이 답하도록 유도하는 강의가 최고의 강의이다.

(동국대 석좌교수 기계공학과 조벽 교수)

● 강의는 (　　　　　)다. 학생 참여 댄스파티, (　　　　　) 시청하기, 수업 내용에 따라 (　　　　　)이나 레닌모자, 닌자 복장을 하고 수업하는 것이 인상적이다. (피츠버그대 국제정치학과 골드스타인 교수)

● 최고의 교수들은 어떻게 가르치고, 무엇이 그들을 최고의 교수로 만드는가에 관해 연구한다. (　　　　　교수)

● 학생들이 (　　)에 대한 두려움에서 벗어나게 하라. 공식대입 증후군을 없애라. 스토리 있는 수업은 오래 기억된다. 한 번 내 학생은 영원한 내 학생이다. 학생과 소통하라. (하버드대 화학과 허슈바흐 교수)

● (　　　　　)와 많은 시간을 보내며 환자를 이해하라. 질문하며 배워라.

(뉴욕 대학교 의대 M. 홉킨스 교수)

● 환자의 마음속으로 들어가라, 춤추기, 자전거 타기, 뜨개질하기 등의 수업으로 인간의 (　　)가 어떤 원리로 작동하는지 몸으로 익혀라.

(밴더빌트 의대 세포생물학과, 임상신경학 노던 교수)

● 프로젝트 주제에 대한 토론수업, 디자이너는 (　　　　) 사람이다. 디자이너는 시회 정치적, 문화적, 환경적인 모든 요소를 이해하는 것이 디자인의 시작이다.

(로스아일랜드 디자인스쿨 산업디자인 학과 C. 캐넌 교수)

● (　　　　) 문답법, 학생스스로 생각하게 하라. (예일대 물리학과 R. 샹커 교수)

☑ 진로 TIP : '교수신문'을 만들거나 '독서골든벨'로 진행해도 좋음

물음 5 책의 내용을 요약했어요. 책의 내용을 비교해 보고 O, X로 표시해 보세요.

1. 골드스타인 교수는 '골디'라는 애칭을 가지고 버라이어티쇼처럼 열정과 재미있는 수업으로 정치학을 가르친다. ……………………………………(　　)

2. 캐턴 교수는 수업에서 선택의 상황을 가정하는 질문을 통해 선택의 상황을 가정하여 상황을 판단하게 하며 질문과 토론을 통해 철학을 이해시킨다. …………………………………………………………(　　)

3. '교수계의 마이클 조던이다'라는 별칭을 갖고 있는 교수는 마이클 샌들 교수이다. …………………………………………………… (　　)

4. 노던 교수는 의과대의 신경 과학수업에서 춤추기, 자전거타기, 뜨개질 등의 활동을 하면서 뇌파가 어떻게 달라지는가를 체험하는 수업을 한다. ···( )

5. 조벽 교수는 오픈 테스트하기를 좋아하며 학생들은 수학공식이 앞뒤로 써진 '프린트티셔츠'를 입고 시험을 볼 수 있다. ·························( )

책 밖에서 진로 찾기

물음 6 자신이 가고 싶은 대학교에는 어떤 분야와 학과가 유명하며, 대학부설 연구소는 무엇이 있는지 인터넷을 검색하여 조사한 내용을 기록해 보세요.

● 가고 싶은 대학교와 학과 :

● 대학부설 연구소 :

☑ 진로 TIP : 먼저 대학별 모둠 조를 짜고 대학탐방 활동 계획서를 작성함. 다음으로 대학별 학과와 대학부설 연구소에 대해 활동 전 자료조사를 하고, 대학탐방 활동 후 활동 보고서를 통해 자신의 전공을 탐색해 볼 것.

물음 7 영화 <굿 윌 헌팅> 속 인물을 소개하고, 영화 속에서 만나는 교수의
모습을 어떻게 생각하는지 친구들과 이야기해 보세요.

월 헌팅 :

숀 맥과이어 교수 :

램보 교수 :

가장 인상적인 장면

내가 좋아하는 교수는 이런 사람

나진로 군, 지식인 교수의 연구실을 찾아가다

나진로 군은 평소 마음의 멘토로 삼고 있던 지식인 교수의 연구실을 찾아가 교수는 어떤 일을 하는 사람인지, 교수의 연구실은 어떤 모습인지, 교수는 어떻게 하루를 보내는지에 대해 직접 느끼고 싶었다. 다행히 지식인 교수 연구실의 조교를 하고 있는 선배의 도움으로 연구실 방문과 청강을 허락받았다.

대학 강의는 3시간 동안 연속 강의로 중간에 10분 정도 쉬고 강의가 이루어졌다. 교수님은 강의의 핵심 사항에 대해 강의 중간중간 질문을 많이 하였고, 학생 스스로 조사한 자료를 시각자료와 함께 발표하기도 하였다. 그 발표 내용을 토대로 다양한 방향에서 토론을 하기도 하였고 부족한 부분은 교수님께서 설명하며 조언을 아끼지 않는 모습이 그동안 알고 있던 학습법과는 많이 달랐다. 강의내용은 내가 이해하기에는 어려웠지만 다양한 지식을 잘 엮어야 한다는 것은 배울 수 있었다. 그리고 생각보다 수업시간이 짧게 느껴졌고 자신이 즐기고 있다는 느낌이 들어서 놀라웠다.

강의가 끝난 후 학생식당에서 선배와 점심을 먹으니 대학생이 된 기분이었다. 식사 후 찾은 연구실은 조용하고 서재 같은 분위기였다. 교수님은 직접 자신의 연구실을 소개하며 자신의 전공분야와 교수가 가져야 하는 소양 등에 대해 많은 이야기를 해 주셨다. 무엇보다 항상 새로운 정보를 갈망하고 학습에 적극적이어야 한다는 말씀을 강조하셨다. 나오는 길에 액자의 글귀가 눈에 들어왔다.

스승 한 사람이 미치는 영향은
영원히 지속된다.
그 영향이 어디서 멈추는지, 어디까지 가는지 아무도 모른다.

나진로 군, '최고의 교수님들' 과 인터뷰하다

지난주에 교수님 연구실을 방문하여 강의준비와 연구에 몰두하시는 교수님을 뵙고 왔습니다. 이번에는 '최고의 교수님들'을 인터뷰하는 자리를 마련했습니다. 교수란 어떤 일을 하며 어떻게 교수가 되셨는지, 미래 사회에서의 교수는 어떤 능력을 가져야 하며 또 어떤 자세를 가져야 하는지 들어보도록 하겠습니다.

나진로 : 교수님, 안녕하세요? 교수가 꿈인 제게 교수님들은 꿈의 멘토예요. 저는 인문학 계열의 교수가 되고 싶은데 어떤 일을 하는지 도움을 주셨으면 해요.

지식인 교수님 : 교수가 되고 싶다니 반갑습니다. 교수는 전공분야를 연구하는 한 분야의 지식 전문가라고 할 수 있습니다. 자신의 전공분야의 주제에 맞는 강의안을 준비하고 강의, 토론, 실험, 조별발표, 답사, 연주 등의 다양한 수업방식으로 강의를 하는 사람이기도 합니다.

나진로 : 교수로서 잘 가르치는 방법은 무엇인가요? 존경받는 교수가 되려면 어떻게 해야 하나요?

켄베인 교수님 : 내가 최고의 교수님 여덟 분의 강의를 듣고 느낀 점은 교육한다는 것은 학생들이 공부하고 싶은 환경을 만들어 준다는 것입니다. 또한 학생들을 존중하며, 협력학습과 소통을 통해서 스스로 배워 가는 방법을 알려 줘야 합니다. 교수는 변화하는 미래에 필요한 인재를 만들어야 하는 책임이 있습니다. 그래서 교수 스스로도 쉬지 않고 공부를 해야 합니다. 그런 교수가 나진로 군이 원하는 존경받는 교수의 조건이 아닌가 합니다.

나진로 : 교수님은 자신의 분야를 어떻게 선택하셨나요?

조벽 교수님 : 대학이라는 하나의 목표만 바라보고 공부를 하게 되면 어렵게 대학에 입학을 하더라도 전공이 맞지 않아 입학과 동시에 공부와 담을 쌓고 지낼 수도 있습니다. 이런 실패를 겪지 않으려면, 자신이 흥미를 가지고 오래도록 잘할 수 있는 분야를 전공으로 삼아야 합니다. 변화하는 미래 사회에 필요한 분야면 좋겠지요. 그러기 위해선 지금 나진로 군처럼 많은 고민을 해야 하고 적극적이어야 합니다.

나진로 : 미래 사회에 도움이 되는 분야를 전공으로 삼는 것이 좋다고 조언해 주셨는데 미래의 대학사회는 어떻게 변하고 미래의 대학 교수가 되려면 어떤 능력이 필요할까요?

지식인 교수님 : 가까운 미래에는 학교 내에서 하는 강의는 원격교육으로 이루어지고 학생들은 자신이 필요한 지식을 체험할 수 있는 활동을 많이 할 것입니다. 많은 대학들이 사라지거나 통폐합이 될 것입니다. 통합·통섭을 통해 실생활에 도움을 주는 창의력이 교수에겐 꼭 필요한 능력이 될 것입니다.

나진로 : 대학생을 가르치는 교수로서 잘 가르치는 방법은 무엇인가요?

조벽 교수님 : 잘 가르친다는 것은 여러 지식을 조합해서 새로운 지식을 창출하는 능력, 어떤 정보가 필요한지 분별하고 판단하는 능력을 키워 주는 것이라고 생각합니다.

나진로 : 많은 도움이 되는 말씀들이세요. 또 하나 궁금한 점은 교수가 다른 직업에 비해 좋은 점이 무엇인가요?

지식인 교수님 : 교수는 다른 직업에 비해 자유롭게 자신의 시간을 운영할 수 있으며, 방학과 안식년을 통해 자신을 개발할 수 있는 시간이 많다는 점과 정년이 65세지만 평생 연구하며 책을 출판하기 때문에 정년이 없는 직업이라는 것이 장점인 것 같습니다. 보수나 연금도 상대적으로 안정적인 노후를 보장해 줄 정도는 됩니다. 무엇보다 자신의 제자가 사회구성원으로 잘 성장하는 모습을 보면 행복하다는 것이 이 직업의 제일 큰 매력입니다.

나진로 : 마지막으로 교수를 꿈꾸는 학생들에게 하시고 싶은 말씀이 있으시면 들려주세요.

지식인 교수님 : 21세기는 창조와 소통이 가장 중요한 사회가 될 것입니다. 교수는 인재를 키우는 보람된 일을 하는 특별한 직업이며, 평생 공부를 즐겁게 해야 하는 직업입니다. '천재는 노력하는 사람을 이길 수 없고, 노력하는 사람은 즐기는 사람을 이길 수 없다.'라는 말처럼 다양한 체험 속에서 자신의 강점을 발견하고 지적인 호기심을 충족시키는 공부를 하길 바랍니다. 그러다 보면 어느 순간 공부를 즐기고 있는 자신을 발견할 것입니다.

나진로 : 좋은 말씀 감사합니다.

　지금까지 '최고의 교수님'들을 모시고 도움이 될 만한 귀중한 말씀을 들었습니다. 교수를 꿈꾸는 친구들에게 도움이 되기를 바라며 인터뷰를 마치겠습니다.
　안녕히 계십시오.

인간적 흥미

의사

궁금해요! 의사가 사는 세상

나는 의사다

인턴일기

의사가 된다면 | 나는 이 직업에 얼마나 잘 맞을까?

 의사라는 직업이 나와 얼마나 잘 맞는지 확인해 볼까요? 직업 적합도 항목을 읽고 해당하는 만큼 별표에 색칠해 보세요.

항 목	평 가	점 수
1. 의사에 대해 얼마나 알고 있나요?	☆☆☆☆☆	/ 5
2. 의사가 하는 일에 얼마나 흥미가 있나요?	☆☆☆☆☆	/ 5
3. 장점과 단점을 모두 고려했을 때 의사라는 직업을 선택할 생각이 있나요?	☆☆☆☆☆	/ 5
4. 의사가 되기 위해 필요한 능력을 갖추기 위해 스스로 노력하고 있다고 생각하나요?	☆☆☆☆☆	/ 5
5. 의사가 되기 위해 독서나 체험활동에 참여할 생각이 있나요?	☆☆☆☆☆	/ 5

※ 별 1개당 1점으로 계산하여 점수를 적어 주세요. (점)

총 점	적합도	목표 직업으로 삼을 경우 고려할 점
21~25	매우 높음	직업 적합도가 매우 높습니다. 이 직업을 목표로 삼고 필요한 능력을 꾸준히 개발하도록 합니다.
16~20	높음	직업 적합도가 높습니다. 적합도 점수가 낮은 부분을 중심으로 보완하도록 합니다.
11~15	보통	직업 적합도가 보통입니다. 꾸준히 관심을 가지고 직업에 대해 알아보도록 합니다.
0~10	낮음	직업 적합도가 낮습니다. 해당 직업과 함께 다른 직업의 정보도 함께 알아보도록 합니다.

점검해 보아요	내가 만약 의사라는 직업에 도전하고 싶다면, 직업 적합도의 검사 결과에 따라 더 노력해야 할 점은 무엇인가요?

진로독서 1　　　　궁금해요! 의사가 사는 세상

도서	궁금해요! 의사가 사는 세상	도서정보	서홍관/창비/2009년
교과정보	윤리, 과학	관련단원	더불어 함께 사는 세상
직업군	의사	진로지수	✿✿✿

이 책은 중학생들이 직접 각 분야의 전문가를 찾아가 인터뷰한 내용을 알기 쉽게 정리한 시리즈 중 한 권이다. 의사를 희망하는 학생들이 정말 궁금해하는 것을 소박하지만 현실적으로 학생들을 대상으로 쉽게 설명해 주고 있다.

막연하게 갖고 있던 의사 생활에 대한 궁금증, 의사가 되고자 하는 학생을 위한 구체적인 진로와 미래설계, 의사가 가져야 하는 직업윤리를 차례로 소개하고 있다. 또한 생물학, 물리학, 화학, 심리학 등 모든 학문이 서로 연관되어 있음을 제시하여 폭넓은 학습과 교양을 쌓아야 함을 강조한다. 의사가 되기까지의 힘겨운 과정과 의사가 된 뒤 부딪혀야 하는 어려움 등에 대한 막연함을 이 책을 통해 상당 부분 해소시킬 수 있다.

책이랑 친해지기

물음 1 의사란 단어를 한 문장으로 표현해 보세요. 그리고 저자가 의사가 되기까지의 과정을 찾아보고 약력을 정리해 보세요.

예) 의사는 사람의 생명 보호는 물론 인간의 삶을 행복하게 만든다.

물음 2 의사인 저자에게 더 알고 싶은 내용이 있다면 어떤 방식으로 문의하고 싶은가요? 문의할 내용을 간략하게 소개해 보세요.

물음 3 의사에게 환자란 어떤 의미인가요? 자신의 생각을 정리해 보세요.

책 속에서 진로 찾기

물음 4 여러분이 잘 알고 있는 위대한 의사 선생님이나 존경하는 의사 선생님이 있다면 누구이며 그 이유는 무엇인가요?

☑ 진로 TIP : <어떤 의사들, 바보의사 장기려 박사> / 지식채널 e
　　　　　　 Doctor's news / www.doctorsnews.co.kr

물음 5 자신이 생각하는 의사 상은 무엇인가요? 그러한 의사 상과 가장 근접한 모습을 보여 준 <의학 드라마>가 있다면 무엇인가요?

1) 허준	2) 종합병원	3) 하얀 거탑	4) 외과의사 봉달희
5) 닥터 진	6) 뉴 하트	7) 골든타임	8) 브레인
9) 굿 닥터	10) 기타		

☑ 진로 TIP : √체크하여 선택한 이유를 말하고, 인상 깊게 본 영화나 책 등을
　　　　　　 소개, 자유롭게 이야기 나누기

물음 6 <병원 24시> 의사의 하루 일과를 조사하여 일과표를 만들어 정리해 보세요.

책 밖에서 진로 찾기

물음 7 의학, 치의학에 대한 정보를 얻고자 할 때 도움을 받았던 자료를 소개해 보세요.

물음 8 의사가 수술 시 갖추어야 마음 자세와 태도는 무엇인가요? 그리고 수술 시 필요한 도구는 무엇이 있는지 조사해 보세요.

나는 의사다

도서	나는 의사다	도서정보	서윈 B. 놀랜드/세종서적/2011년
교과정보	생명과학 I	관련단원	보람 있는 삶
직업군	의사	진로지수	✿✿✿

이 책은 한 의사가 오랜 시간 수집한 의료계의 다양한 이야기들을 모은 일종의 에세이이다. 각기 다른 이야기들이지만 그 모든 이야기 안에는 환자와 가족을 대하는 의사의 솔직함과 인간애가 담겨 있다. 전문 작가만큼의 감수성과 문장 구성력을 가진 작가의 직업은 의사다. 그는 자신이 만난 의사들이 털어놓은 실화들을 바탕으로 때로는 웃음을, 때로는 감동을 그리고 때로는 무기력한 인간일 뿐인 의사의 고뇌를 이야기하고 있다.

작가는 의사와 의학을 단순하게 질병을 치료하는 것이 아닌 세상을 변화시키는 힘을 가진 존재임을 자각하고 스스로 노력하는 것이라고 정의했다. 실화와 실존인물이 주는 감동과 현실적인 조언들을 통해 새롭게 조명된 의사란 직업의 허와 실, 그리고 관계가 던지는 의미를 고민하게 하는 책이다.

책이랑 친해지기

물음 1 의학에서 픽션(Fiction)과 논픽션(Nonfiction)이 구분이 되는 것은 왜 중요할까요? 만약 중요하거나 중요하지 않다면 그렇게 생각한 이유는 무엇인가요?

물음 2 저자는 의사와 환자 사이에서 일어나는 모든 행위는 개인 윤리 및 직업윤리와 직결되고, 환자의 비밀을 지켜 주어야 하는 상황에서 이루어진다고 말해요. 환자의 비밀 보장에 대해서 어떻게 생각하나요? 의사와 환자 관계를 중심으로 이야기해 보세요.

(의료법 제19조항 비밀누설 금지)

책 속에서 진로 찾기

물음 3 의사에게 윤리란 무엇인가요? 자신의 생각을 정리해 보세요.

물음 4 이 책에서 가장 인상적인 내용을 찾아 소개해 보세요.

물음 5 히포크라테스는 뛰어난 그리스 의사로 의학의 아버지라고 불립
니다. 그는 의사가 지켜야 할 행동 지침을 만들어 제자들에게
선서하게 했어요. 이것이 '히포크라테스 선서'입니다. 시대에 따
라 원문을 조금 고친 형태로 세계 곳곳에서 사용하고 있습니다.
현재 우리나라 의과 대학 학생들이 졸업할 때 하는 선서는 1948
년, 제네바에서 세계의사협회가 만든 제네바 선언입니다. 구체적
으로 그 내용이 무엇인지 알아보고, 히포크라테스 인물에 대해
조사해 보세요.

물음 6 최근 '안락사, 인정해야 하는가'라는 논제가 왜 대두되고 있는지에 대
해 자신의 생각을 쓰고, 친구들과 이야기해 보세요.

찬 성	반 대
인간이 존엄하게 죽을 권리를 인정해야 한다.	인간에게 주어진 생명을 타인이 관여한다는 것은 살인이다.

물음 7 의사가 꿈인 학생으로서 이 분야에 지원하기 위해 교내, 교외 활동에서 노력한 것이 있다면 가장 인상적인 활동을 기술해 보세요.(봉사·체험활동 등) 앞으로 구체적으로 활동하고자 하는 방향에 대해 정리해 보세요.

<의사·치과의사와 인터뷰하기>

인터뷰 동기	
의사에게 필요한 능력	
새로 알게 된 정보	
느낀 점	
인터뷰 사진	

☑ 진로 TIP : 의사·치과의사 관련 인터뷰 기사를 스크랩하여 그 이유를 써 보고 자신이 새로 알게 된 정보나 사실·느낀 점을 정리해 보기.

인턴일기

도서	인턴일기	도서정보	홍순범/글항아리/2008년
교과정보	직업 윤리	관련단원	가치 있는 삶
직업군	의사	진로지수	✧✧✧

　이 책은 새내기 의사가 대학병원의 각 과를 거치면서 틈틈이 기록한 수첩을 바탕으로 구성된 인턴수련과정에 대한 책이다. 처음 의사가 되고자 했던 마음에서 입시를 거쳐 인턴생활을 시작하기까지의 고단한 열정을 지나 전문의가 되기 위한 길의 또 다른 입문기간 동안 작가는 많은 생각을 하게 된다.

　작가는 인턴을 키우는 것이 비단 지도교수뿐 아니라 질병과 생명, 의사와 환자, 병원과 간호사, 환자 가족에 이르기까지 다양하고 예측이 안 되는 변화무쌍한 현장이라고 말한다. 좌절 없이 달려온 인생에서 수없이 많은 좌절과 희망을 단기간에 가르쳐 준 인턴생활 동안 어쩌면 그때까지도 막연했던 자신을 채찍질하며 인간으로서, 의사로서 성숙해 가는 작가를 보는 재미는 공감과 감동 그리고 의사를 꿈꾸는 이들이 가진 일반화된 오류들을 수정할 수 있는 과정을 제공한다.

책이랑 친해지기

물음 1 가운만 입으면 모두 의사인가요? 의사의 자질과 매력은 무엇이라고 생각하는지 여러분의 생각을 친구들과 이야기하고 정리해 보세요.

물음 2 인턴(Intern)과 레지던트(Resident)의 의미는 무엇인가요?

● 인턴(Intern) :

● 레지던트(Resident) :

물음 3 여러분이 꿈꾸는 의사는 어떤 사람이며, 의사라는 직업을 선택하게
된 동기는 무엇인지, 그리고 의사가 되면 행복할 것인지에 대해 생각
해 보고 자신과 같은 꿈을 꾸는 친구들과 이야기해 보세요.

책 속에서 진로 찾기

물음 4 의사가 되기까지 어느 정도 공부를 해야 할까요? 의사라는 직업을
되기까지 어떤 노력과 준비과정이 필요할지 자신의 생각을 정리해
보세요.

물음 5 의사가 되고 싶은데 해부하는 것이 두렵다면 어떻게 해결해야 할까요? 만약 해부를 못하더라도 의사라면 어떤 분야의 일들이 가능할까요?

물음 6 병원에 근무하다 보면 꾀병 환자들도 있을 수 있어요. 그럴 만한 이유도 있겠지만 그런 환자들은 어떻게 대처하면 좋을까요?

물음 7 의사의 평균 근무시간은 어떻게 이루어지고 있으며 응급실의 근무 형태는 어떠한지 조사하여 기록해 보세요.

물음 8 의사가 되기 위해 인턴과 레지던트 기간을 거치는 동안 일부는 그만
두거나 고민을 많이 한다고 합니다. 평소 생각과 달리 어렵고 고단할
뿐만 아니라 만족도도 떨어지기 때문이라고 말하기도 합니다. 여러분
은 그런 어려운 시기를 어떻게 극복해 나갈 수 있을까요? 자신의 생
각을 정리해 보세요.

물음 9 의사·치과의사의 직업은 다양한 전문 분야의 진료 과목 파트로 나뉘어
있어요. 어떤 전문 분야와 전문가(명의)들이 있는지 조사해 보고,
발표해 보세요.

☑ 진로 TIP : 대한의사협회 : www.kma.org
　　　　　　　대한치과의사협회 : www.kda.or.kr

나진로 군, 치과의사 선생님과 인터뷰하다

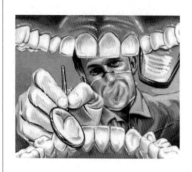

2014년 03월 S지역에 위치한 4곳의 치과병원·의원을 방문하고 의료 시설도 관람하였습니다. 그리고 치과의사 선생님을 만나 직접 인터뷰를 하고 왔습니다. 치과의사는 어떤 일을 하며 어떻게 준비하고, 또 어떤 자세를 가져야 하는지 알아보도록 하겠습니다.

나진로 : 안녕하세요. 선생님! 먼저, 인터뷰에 응해 주셔서 감사합니다. 치과 의사가 되려고 했던 동기는 무엇인가요?

닥터 진 : 네 반갑습니다. 처음부터 치과의사가 되려고 하지는 않았지만 제 적성에 맞을 것 같다는 생각에서였습니다. 제가 미술, 과학 과목을 좋아하고 무엇이든 만들고 조작하는 것을 좋아하다보니 결정을 하게 되었습니다.

나진로 : 여자 치과의사로서의 장점이나 힘든 점은 없나요?

닥터 진 : 힘든 점은 없습니다. 오히려 여자의 마음은 여자가 안다고 치료 받는 여자 환자분들이 편하게 생각하십니다. 그리고 아무래도 아이를 키우는 엄마이다 보니 아이들을 대할 때 아이들이 원하는 것을 빨리 파악할 수 있어 진료에 도움이 되기도 합니다.

나진로 : 치과의사에게 필요한 자질은 무엇인가요?

닥터 진 : 올바르게 진단하고 치료할 수 있는 지적 능력과 판단력이 필요하고, 환자의 아픔을 공감할 수 있는 감성도 필요합니다. 끊임없는 학문연구의 자세도 필요합니다.

나진로 : 평균 근무시간은 어떻게 되나요?

닥터 진 : 평일 10시~7시까지 근무합니다.(주 8시) 토요일은 10시~1시까지 근무합니다. 점심시간은 1시~2시까지입니다.

나진로 : 점심시간 이후나 진료가 없는 시간에는 무엇을 하나요?

닥터 진 : 치과정보지나 신문, 책 등을 보기도 하고, 인터넷 검색으로 정보를 찾기도 합니다.

나진로 : 지금 가장 떠오르는 의사가 있다면 누구인가요?

닥터 진 : 교정 전문의 선생님입니다. 전 보철전공의인데 최근에 교정전문의 선생님이 하시는 일에 매력을 느낀 때가 있어요. 그 이유는 환자 모두가 심미적인 요소에 중점을 두다 보니 교정을 하는 경우가 많다는 생각이 들어서 그런 것 같습니다.

나진로 : 그렇군요. 치과의사가 되려면 어떤 공부를 어느 정도 해야 하나요?

닥터 진 : 특히 물리, 화학, 생물 분야를 기반으로 요즘 흔히 말하는 STEAM 융합수업을 잘 받고, 공부해야 합니다. 학교 내신 등급 또한 상위권을 유지하고 자신의 노력과 열정으로 도전하는 자세도 필요합니다.

나진로 : 치과의사가 되기 위해서부터 개원하기까지 어떤 준비를 해야 하나요?

닥터 진 : 먼저 치과대학 졸업 후 대학병원에서 인턴, 레지던트를 생활을 거치거나 개인 병원에서 페이 닥터가 되어 몇 년 정도 일하고, 관리 원장직으로 일을 할 수 있습니다. 그 이후에 대학병원에서 근무하거나 개인 명의의 치과 병·의원을 개설할 수 있습니다.

나진로 : 네, 마지막으로 치과의사를 꿈꾸는 저와 다른 학생들에게 전하고 싶은 말씀이 있으시면 들려주시겠어요?

닥터 진 : 21세기는 의학, 치의학기술의 발달로 생물학, 인체 해부, 조직학은 매우 중요한 학문분야입니다. 어떤 과목이라도 결코 소홀해서는 안됩니다. 스스로 찾은 꿈이 이 분야이고 즐겁게 공부할 마음이 있다면 기초부터 충실히 닦아 나가기를 바랍니다.

나진로 : 네, 감사합니다.

　지금까지 한국 진로치과 전문의 선생님을 모시고 이 분야에 도움이 될 만한 귀중한 말씀을 들었습니다. 의사·치과의사를 꿈꾸는 친구들에게 도움이 되기를 바라며 인터뷰를 마치겠습니다.

제2장

사회적 흥미

경찰관

노빈손 경찰특공대에 가다

레 미제라블

경찰관으로 성공하는 길

나는 이 직업에 얼마나 잘 맞을까?

 경찰이라는 직업이 나와 얼마나 잘 맞는지 확인해 볼까요? 직업 적합도 항목을 읽고 해당하는 만큼 별표에 색칠해 보세요.

항 목	평 가	점 수
1. 경찰에 대해 얼마나 알고 있나요?	☆☆☆☆☆	/ 5
2. 경찰이 하는 일에 얼마나 흥미가 있나요?	☆☆☆☆☆	/ 5
3. 장점과 단점을 모두 고려했을 때 경찰이라는 직업을 선택할 생각이 있나요?	☆☆☆☆☆	/ 5
4. 경찰이 되기 위해 필요한 능력을 갖추기 위해 스스로 노력하고 있다고 생각하나요?	☆☆☆☆☆	/ 5
5. 경찰이 되기 위해 독서나 체험활동에 참여할 생각이 있나요?	☆☆☆☆☆	/ 5

※ 별 1개당 1점으로 계산하여 점수를 적어 주세요. (점)

총 점	적합도	목표 직업으로 삼을 경우 고려할 점
21~25	매우 높음	직업 적합도가 매우 높습니다. 이 직업을 목표로 삼고 필요한 능력을 꾸준히 개발하도록 합니다.
16~20	높음	직업 적합도가 높습니다. 적합도 점수가 낮은 부분을 중심으로 보완하도록 합니다.
11~15	보통	직업 적합도가 보통입니다. 꾸준히 관심을 가지고 직업에 대해 알아보도록 합니다.
0~10	낮음	직업 적합도가 낮습니다. 해당 직업과 함께 다른 직업의 정보도 함께 알아보도록 합니다.

점검해 보아요	내가 만약 경찰이라는 직업에 도전하고 싶다면, 직업 적합도의 검사 결과에 따라 더 노력해야 할 점은 무엇인가요?

진로독서 1 　　　　노빈손 경찰특공대에 가다

도서	노빈손 경찰특공대에 가다	도서정보	강산들/뜨인돌/ 2008년
교과정보	직업탐구	관련단원	진로
직업군	경찰	진로지수	✿✿✿

　　이 책은 '신나는 노빈손 가다!' 시리즈 중 경찰에 관련된 책이다. 행정착오로 경찰특공대에 들어가게 된 열혈청년 로빈손을 통해 경찰특공대의 이모저모를 흥미롭게 전달하고 있다. 경찰특공대는 대테러 같은 업무를 담당하는 부서로 전문 경찰부대다.

　　흔히 생각하는 경찰에 대한 단편적인 지식들이 실상은 많은 오류를 가지고 있다는 것을 보여 주고, 일반인들이 느끼지 못하는 경찰의 희로애락을 재미있는 삽화와 이야기로 구성해 학생들이 접하는데 부담 없고, 쉽게 공감하게 만들었다.

　　이 책은 단순히 흥미와 공감을 이끌어 내는 것뿐 아니라 제일 민감한 부분들인 사명감이나 윤리 등 경찰이 되기 위해 필요한 다양한 능력들을 점검해 볼 수 있는 기회를 제공한다.

책이랑 친해지기

물음 1 　'테러' 하면 떠오르는 것은 무엇인가요? 최근 뉴스 기사를 찾아서 정리해 보고 평소에 알고 있던 테러 예방법 및 대처방안에 대해서 친구들과 이야기해 보세요.

물음 2 평소 경찰관들이 어떤 임무를 수행하는지 알고 있는 내용을 친구들과
이야기해 보세요.

물음 3 자신이 경찰관이 되어 다음 살인 사건에 대해 추리를 해 보세
요.

활동1) 미국의 한 호텔에서 살인 사건이 일어났다. 호텔 7층에서 살인사건이
일어났지만 CCTV는 이미 망가뜨려 놓았기 때문에 아무 쓸모가 없었다. 그러
나 다행히도 이 사건의 목격자가 있었는데 그는 이 사건의 신고자였다.

"전 샤워를 하고 밖으로 나와 침대에 누워 책을 읽고 있었는데, 갑자기 복도
족에서 비명소리가 들려 왔어요. 그래서 당장 문을 열었어요. 그랬더니 저 복
도에서 한명이 피를 흘리며 쓰러져 있었고, 범인이 도망가는 모습이 보였죠.

범인은 모자를 쓰지 않았고, 대머리였으며 갈색 코트를 입었고, 검은 구두를
신고 있었으며, 빨간 체크무늬 넥타이에 청바지를 입고 있었어요. 그는 저 모
퉁이로 사라졌어요. 그리고 전 바로 신고를 한 거고요."

하지만 경찰은 그 목격자가 거짓말을 하고 있다는 것을 알아냈다.

그 이유는 무엇일까요?

활동2) 한 건물에서 살인사건이 일어났다. 피해자는 알 수 없는 다음 메시지를
바닥에 남겨놓았다.

ㄸ뚜ㅁ뜨뜨

살인시각으로 추정되는 시간에 알리바이가 없는 용의자는 4명이다.
A. 국정원에서 활동하다 은퇴한 국수집 사장
B. 피해자와 항상 다투던 고깃집 사장
C. 피해자와 그저 그런 사이였던 조개구이집 사장
D. 그냥 이웃처럼 지내던 비빔밥집 사장
범인은 이 넷 중에 누구일까요?

☑ 진로 TIP: blog.naver.com/songsic53/40204868103 바람의 블로그에서 인용○

물음 4 경찰특공대가 되기 위한 조건들을 정리했어요. 책의 내용과 비교해 보고 o, ×로 표시해 보세요.

1. 특수부대에서 2년 이상 근무해야 한다. ·· (　　)
2. 나이가 20세 이상 30세 이하여야 한다. ··· (　　)
3. 대학교를 나와야 한다. ··· (　　)
4. 키나 몸무게 제한은 없다. ··· (　　)
5. 시력이 좌·우 1.0 이상이어야 한다. ·· (　　)

물음 5 경찰특공대의 최첨단 기술이 적용된 장비 중에서 가장 인상 깊었던 것 하나를 골라서 써 보세요.

물음 6 다음 글을 읽고 안중근 의사를 테러리스트라고 할 수 있는지 친구들과 이야기해 보세요.

일본 정부 대변인 스가 요시히데 관방장관이 안중근을 테러리스트라고 불렀다. 안중근은 1909년 10월 26일 하얼빈 역에서 러시아군의 군례를 받던 이토를 사살했다. 그리고 신분을 '대한의군 참모중장이자 특파독립대장'이라고 밝혔다. 당시 한국과 일본은 전쟁 상황이었다. 안 의사 스스로 법정에서 "의병 중장의 자격으로 한 것이지 자객으로서 한 일이 아니다."고 했다. 안중근 의사는 "나는 전쟁에 나갔다가 포로가 되어 이곳에 온 것이니 나를 국제 공법에 의해 다루라."고 요구했다. 전쟁 중 적장을 사살한 안 의사는 공정한 재판의 기회를 갖지 못했다. 일본인들에 의해 범죄자로 둔갑했을 뿐이다.

물음 7 다음은 3D 프린터에 대한 설명이에요. 테러에 사용될 수 있기 때문에 3D 프린터를 상용화해서는 안 된다는 주장에 대한 자신의 생각을 이야기해 보세요.

3D 프린터는 입력한 도면을 바탕으로 플라스틱 가루 등을 잉크처럼 사용해 3차원 물체를 만들어 내는 기계다. 미국에선 지난 5월 '디펜스 디스트리뷰티드'라는 단체가 세계 최초로 3D 프린터를 이용할 플라스틱 권총 제작에 성공한 바 있다. 그러나 이들이 권총 설계도면을 온라인에 배포, 민간인들도 손쉽게 3D 프린터로 총기를 만들 수 있는 길이 열리면서 논란이 일었다. 이에 미국 정부와 정치권은 3D 프린터와 관련해 규제 법안을 마련하겠다고 엄포를 놓았다.

물음 8 경찰관들은 범죄와 늘 직면하기 때문에 때로는 생명의 위협을 받기도 해요. 그래서 총기 사용 등 적극적인 방법으로 경찰관의 안전을 보호해야 한다는 주장이 제기되고 있어요. 이에 대한 자신의 생각을 정리하고 근거를 찾아 써 보세요.

진로독서 2		레 미제라블		

도서	레미제라블	도서정보	빅토르 위고/지식의 숲/ 2013년	
교과정보	국어, 진로와 직업	관련단원	소설과 사회, 진로직업탐구	
직업군	경찰		✿✿✿	

"한 저주받은 비천한 인간이 어떻게 성인이 되고, 어떻게 예수가 되고, 어떻게 하느님이 되는"지 그려 낸 『레 미제라블』은 빅토르 위고가 35년 동안 마음속에 품어 오던 이야기를 17년에 걸쳐 완성해 낸 세기의 걸작이다.

그리고 레미제라블의 중요한 인물 중 자베르 경감은 경찰로서 법을 수호해야 한다는 사명감으로 불타오르는 인물이다. 하지만 장발장을 쫓으면서 혼란에 빠지게 된다. 정의라는 것이 무엇인지 그리고 경찰관은 어떠한 가치관을 가져야 하는지 생각해 볼 수 있는 책이다.

책이랑 친해지기

물음 1 여러분들은 왜 경찰이 되고 싶나요? 그 이유를 설명해 보세요.

물음 2 훌륭한 경찰이란 어떤 사람인가요? 자신의 생각을 이야기해 보세요.

책 속에서 진로 찾기

물음 3 미리엘 주교는 은그릇을 훔친 장발장에게 왜 은촛대까지 주었을까요?

물음 4 자베르 경감은 장발장을 끝까지 추격하였지만 끝내 투신자살을
하게 됩니다. 그 이유는 무엇인가요?

물음 5 이 책에서 가장 인상적인 내용과 한 줄 서평을 써 보세요.

물음 6 신뢰와 사랑으로 장발장을 변화시킨 미리엘 주교와 같은 경찰관이
되는 방법을 생각해 보세요.

나진로 양, 레 미제라블을 읽고 토론을 하다

논제 : '생계형 범죄, 법에 의거하여 처벌해야 한다.'

찬성

안녕하세요. '생계형 범죄도 법에 의거하여 처벌해야 한다'의 찬성 측입니다.

저희의 입장을 말하기 전에 앞서 생계형 범죄에 대해 간단한 정의를 내리겠습니다. 생계형 범죄란 사람이 살아가는 데 필요한 기본조건으로 의, 식, 주가 부족하여 살아남기 위해서 저지르는 범죄를 의미합니다.

생계형 범죄를 한 사람들을 두고 몇몇 사람들은 그들이 그들의 생계를 위해 선택한 것이라고 말합니다. 하지만 생계형 범죄 이전에 경제적인 어려움을 극복하려는 노력이 없다면 저희는 생계형 범죄에 의거하여 처벌해야 한다고 생각합니다.

먼저 첫째로, 범죄에 대한 처벌은 집단의 약속입니다. 예를 들자면 장발장이 빵을 훔쳤을 때 처벌을 하지 않는다면, 사회 배경적으로 이루고 있던 집단의 약속과 공공의 법 그리고 질서가 사라지게 되어 유사범죄가 많이 일어나게 될 것입니다.

둘째로, 생계형 범죄로 피해를 받은 사람은 보상을 받지 못합니다. 생계형 범죄가 처벌받지 않고 그대로 사회에서 방치된다면, 생계형 범죄로 피해를 입을 수 있는 사람에 대한 피해를 보상할 수 없습니다. 생계형 범죄라는 이유로 처벌이 없거나 미약한 경우, 유사 범죄가 늘어나게 되고 소규모 슈퍼마켓 등 자영업자는 실질적인 경제적 손해를 감수할 수밖에 없습니다.

반대

안녕하세요. '생계형 범죄, 법에 의거하여 처벌해야 한다'의 반대 측입니다.

생계형 범죄는 경제적인 문제가 있는 사람들이 대다수입니다. 이들은 생계를 이어 갈 형편이 되지 않기 때문에 생계형 범죄를 하는 것입니다. 그런 사람들에게 법의 심판보다는 일자리와 기본조건을 갖추게 도와줘야 한다고 생각하기 때문에 저희는 생계형 범죄를 처벌하면 안 된다고 생각합니다.

첫째, 국가에서 지원하는 기초적인 사회보장제도가 원활하지 못합니다. 생계형 범죄는 앞서 정의를 내린 것과 같이 사람의 기본적인 욕구를 충족시키지 못했을 때 일어나는 범죄입니다. 인간의 기본적인 조건도 충족시키지 못하는 사람들을 예로 들면 노숙자, 무직자, 경제적인 빚이 있는 사람 등 있습니다. 국가는 이런 사람들에게 사회보장제도를 지원, 확대하여 더 이상 생계형 범죄가 늘어나는 것을 막아야 합니다.

둘째, 범죄에 대한 국가의 처벌은 단호해야 하지만 대부분이 안타까운 현실에 최후의 수단으로 택한 것이 생계형 범죄인 경우가 대부분입니다. 이는 인간의 마지막 생존 본능에 의한 경우가 대부분이므로 일반 범죄와 같은 처벌을 한다는 것은 옳지 않습니다.

경찰관으로 성공하는 길

도서	경찰관으로 성공하는 길	도서정보	김석돈/백산출판사/2013년
교과정보	직업탐구	관련단원	진로
직업군	경찰	진로지수	❖❖❖

경찰계 안에서 입지전적인 인물로 평가되는 저자는 34년 경찰생활을 하면서 느낀 점을 한 권의 책으로 만들었다. 저자는 경찰관이라는 직업을 가지고 근무를 하는 동안 입문서나 자료가 없어 고생한 경험을 통해 앞으로 경찰이 되고자 하는 이들이 겪거나 겪지 않아도 될 일들을 선배의 입장에서 이야기해주고, 올바른 경찰이 무엇인지 그리고 인간으로서의 고뇌 같은 부분에 대해서도 다루고 있어 진로를 선택해야 하는 학생이나 경찰에 대한 올바른 지식이 필요한 이들에게 필요한 자료모음이다. 시대에 맞게 새롭게 주목받는 경찰을 다루는 부분은 아직 흥미를 가지지 못한 이들에게도 새롭게 돌아보는 기회를 주고 있다. 전체적인 구성이 백과사전과 비슷하다. 세상의 지식을 담듯 경찰에 대한 거의 모든 지식을 담고 있는 책이다.

책이랑 친해지기

물음 1 경찰은 업무 수행 과정 속에서도 다양한 일이나 사건들이 발생하기도 합니다. 경찰의 임무 수행에 어떤 어려운 점이 있을까요?

물음 2 경찰이 되기 위해 학생이 준비할 수 있는 것은 무엇인가요?

책 속에서 진로 찾기

물음 3 새롭게 주목 받는 이색 경찰부서 중에서 가장 인상 깊은 내용을 요약해 보세요.

물음 4 이 책을 통해 경찰에 대해 자세히 알게 된 이후 달라진 점이 있다면 무엇인지 이야기해 보세요.

물음 5 이 책의 저자는 순경에서 총경까지 여러 계급을 거치면서 배운 자기 계발의 중요성을 이야기 하고 있어요. 가장 인상 깊은 내용을 골라 지금 자신이 실행할 수 있는 방안에 대해 이야기해 보세요.

물음 6 점점 변화해 가는 세상처럼 범죄의 유형도 점차 달라지고 있어요. 새로운 유형의 범죄들은 찾아보고 자신이 경찰이 된다면 어떻게 막을 수 있을지 써 보세요.

물음 7 계속해서 끊이지 않고 일어나는 학교 폭력을 막기 위해 학교 경찰 (School Police)을 배치하자는 주장이 있어요. 그에 대한 자신의 의견을 근거를 들어 이야기해 보세요.

나진로 군, 『경찰관으로 성공하는 길』의 저자를 인터뷰하다

여러 경찰관을 만나면서 다양한 경험을 했습니다. 이제 경찰관을 직접 인터뷰하여 실질적인 조언과 의견을 듣겠습니다.

나진로 : 서장님, 안녕하세요? 저는 미래의 경찰을 꿈꾸고 있는 나진로입니다.

김석돈 : 나진로 군. 경찰을 꿈꾸고 있다니 반갑습니다. 경찰은 국가와 국민을 위해 일하기 때문에 큰 보람을 느낄 수 있고, 고용안정성과 자신을 발전시킬 수 있는 기회가 높은 좋은 직업이라고 할 수 있습니다.

나진로 : 서장님께서는 순경으로 시작하셔서 경찰서장으로 계시다고 들었어요. 경찰은 어떻게 진급하나요?

김석돈 : 경찰은 누구나 경찰청장까지 승진할 수 있을 만큼 체계적인 진급체계가 자랑입니다. 심사승진, 시험승진, 특별승진, 근속 승진 등이 있는데, 자신의 의지만 있으면 경정까지는 심사를 통하지 않고도 승진할 수 있습니다.

나진로 : 직업인으로서 경찰의 보수는 높은 편인가요?

김석돈 : 과거에는 경찰의 봉급이 박봉의 상징이라고 할 만큼 적었지만 이제는 많이 현실화되었습니다. 하지만 민간기업 대비 85.2%에 불과하니 많은 금액이라고 할 수 없습니다. 하지만 앞으로 보다 더 개선될 것이라고 기대하고 있습니다.

나진로 : 경찰이 되었지만 업무가 자신과 맞지 않을 때는 어떻게 해야 할까요?

김석돈 : 경찰의 매력 중 하나가 자신의 적성과 맞는 부서 선택이 쉽다는 것입니다. 경무·생활안전·수사 등 다양한 분야의 업무가 있으며, 사무실 안에서 행정업무를 담당하는 내근 근무와 사무실 밖에서 일하는 외근 근무를 선택할 수 있습니다.

나진로 : 경찰을 꿈꾸고 있는 저와 같은 학생들에게 훌륭한 경찰이 되기 위해 준비해야 할 점을 알려 주세요.

김석돈 : 저는 유능한 경찰관의 덕목으로 신(信)·언(言)·서(書)·판(判)을 꼽는데 풀어서 이야기하자면 자신의 외모를 단정하게 하고, 믿음을 줄 수 있는 말솜씨, 반듯한 글씨와 정돈된 내용으로 글쓰기, 정보의 판단력입니다.

나진로 : 인터뷰를 통해 경찰의 꿈을 보다 명확하게 만들 수 있었어요. 지금까지 김석돈 서장님을 모시고 좋은 이야기를 많이 들었습니다. 감사합니다.

사회적 흥미

군인

웨스트포인트처럼 하라
아름다운 영웅 김영옥
내 꿈은 군대에서 시작되었다

군인이 된다면 | 나는 이 직업에 얼마나 잘 맞을까?

 군인이라는 직업이 나와 얼마나 잘 맞는지 확인해 볼까요? 직업 적합도 항목을 읽고 해당하는 만큼 별표에 색칠해 보세요.

항 목	평 가	점 수
1. 군인에 대해 얼마나 알고 있나요?	☆☆☆☆☆	/ 5
2. 군인이 하는 일에 얼마나 흥미가 있나요?	☆☆☆☆☆	/ 5
3. 장점과 단점을 모두 고려했을 때 군인이라는 직업을 선택할 생각이 있나요?	☆☆☆☆☆	/ 5
4. 군인이 되기 위해 필요한 능력을 갖추기 위해 스스로 노력하고 있다고 생각하나요?	☆☆☆☆☆	/ 5
5. 군인이 되기 위해 독서나 체험활동에 참여할 생각이 있나요?	☆☆☆☆☆	/ 5

※ 별 1개당 1점으로 계산하여 점수를 적어 주세요. (점)

총 점	적합도	목표 직업으로 삼을 경우 고려할 점
21~25	매우 높음	직업 적합도가 매우 높습니다. 이 직업을 목표로 삼고 필요한 능력을 꾸준히 개발하도록 합니다.
16~20	높음	직업 적합도가 높습니다. 적합도 점수가 낮은 부분을 중심으로 보완하도록 합니다.
11~15	보통	직업 적합도가 보통입니다. 꾸준히 관심을 가지고 직업에 대해 알아보도록 합니다.
0~10	낮음	직업 적합도가 낮습니다. 해당 직업과 함께 다른 직업의 정보도 함께 알아보도록 합니다.

점검해 보아요	내가 만약 군인이라는 직업에 도전하고 싶다면, 직업 적합도의 검사 결과에 따라 더 노력해야 할 점은 무엇인가요?

독서로 준비해요

진로독서 1   웨스트포인트처럼 하라

도서	웨스트포인트처럼 하라	도서정보	프레스턴피시/흐름출판/2013년
교과정보	직업탐구	관련단원	직업
직업군	군인	진로지수	✿✿✿

   이 책은 미 육군사관학교 '웨스트포인트'의 수업을 다룬 책이다. 주인공이 미 육사를 지원하기 위해 고등학교 때 공부한 내용을 시작으로 입학을 해서 올바른 군인이 되기 위해 배우고 익히는 과정이 담겨 있다.

   군인이 되기 위한 가치관과 군인이 가져야 하는 능력뿐 아니라 군대 내에서 전문가가 되는 길을 소설과 에세이 기법을 활용해 가볍게 접근하고 있다. 이 책을 통해 군대 윤리 및 강령을 접할 수 있을 뿐 아니라 다양한 인물들을 통해 리더십의 유형과 올바른 리더십에 대해서도 생각해 볼 수 있다. 각 나라에 직간접적으로 영향을 미치고 있는 미국 군인에 대한 새로운 이해의 기회를 경험할 수도 있다.

책이랑 친해지기

물음 1 미군하면 많은 사람들이 신사를 떠올립니다. 군인을 신사라고 생각하게 된 이유가 무엇인지 이야기해 보세요.

물음 2 이 책의 저자는 우리나라에서도 복무한 파견 미군이에요. 이 책의 저자의 진로를 정리해 보고, 이 책이 어떻게 활용되고 있는지 정리해 보세요.

● 프레스턴 피시 :

● 활용 :

책 속에서 진로 찾기

물음 3 주인공의 학교생활을 일정별로 책을 요약했어요. 책의 내용을 비교해 보고 O, X로 표시해 보세요.

1. 사자 굴의 의미는 사자처럼 훈련시킨다는 것이다. ····················(   )
2. 육사에 처음가면 적응기간이라고 해서 많은 돌봄을 받는다. ········(   )
3. 군인에게 창의력은 중요한 능력이다. ·····························(   )
4. 군인에게 복종은 절대적인 것이다. ·······························(   )
5. 사관학교에서의 공부는 크게 네 가지다. ·························(   )
6. 토요일 정기점검을 하는 이유는 위생 때문이다. ··················(   )
7. 자신의 진로를 위해 민간직업을 체험할 수 있다. ················(   )

물음 4 저자가 책 속에서 서술한 내용입니다. 본문을 읽고 새끼 코끼리와 말뚝이 상징하는 의미는 무엇인가요? 나에게 있어 말뚝과 같은 상황은 무엇인지 써 보세요.

● 새끼 코끼리와 말뚝의 의미 :

● 나에게 있어서의 말뚝과 같은 상황은 :

옛날에 새끼 코끼리가 한 마리 있었는데 어릴 때부터 작은 나무 말뚝에 묶여 지냈다. 새끼 코끼리는 너무 작고 힘이 없어서 아무리 애를 써도 땅에서 말뚝을 뽑을 수가 없었다. 새끼 코끼리는 먹이와 물로 보살핌을 받고 있었다. 그의 주인은 시간이 흐를수록 코끼리가 탈출하는 것을 포기하게 될 뿐만 아니라 자신에게 그 말뚝을 벗어날 수 있는 진정한 잠재력이 있다는 것도 모를 것이라는 것을 알았다. -중략-

시간이 지나 새끼 코끼리는 거대해져서 아무도 막을 수 없는 힘, 심지어 주인의 집까지 움직일 수 있는 힘이 생겼지만 여전히 작은 나무 옆에 앉아 있었다. -중략- 만약 이 코끼리가 자신의 힘을 알았다면 어떤 일이 벌어졌을까? -중략- 내가 경험한 악명 높은 크리스마스 저녁 식사를 통해서 찾을 수 있을 것이다. 내가 찾은 답은 무엇인가?

물음 5 작가가 말하는 군대에서 필요한 가치관과 행동은 어떤 것들이 있나요? 책 속의 LEADER'S NOTE를 참고해서 정리해 보세요.

책 밖에서 진로 찾기

물음 6 군대 시설에는 어떤 것들이 있을까요? 여러분이 사는 지역의 인근에는 어떤 특징을 가진 군대시설이 들어와 있는지를 알아보고 나는 어떤 군인이 되고 싶은지 정리해 보세요.

물음 7 군대에는 여러 병과가 있어요. 주요 업무를 확인하고 빈칸을 채우며 자신의 관심분야를 정리해 보세요.

병과	주요 업무
보병	육군에서 가장 많은 인원이 근무하는 지상 전투 수행의 주체자로 적 부대를 격멸하고 중요 지형을 탈취 및 확보하여 전투에서 최종적인 승리를 달성하는 핵심 병과
기갑	육군의 핵심 전력으로서 전차와 장갑차의 우수한 화력, 기동력을 바탕으로 적 부대를 심리적으로 마비시켜 전투의지를 조기에 파괴시키는 강력한 병과
포병	포병은 육군의 가장 강력한 화력으로 20~40Km에 있는 적을 타격하고, 보병/기갑부대 등 전투부대의 이동지원을 위해 다련장, MLRS, K-9·K-55자주포 등 첨단

	장비를 운용하는 병과
정보	레이더, 위성사진, 무인항공기, 전자전장비 등을 활용하여 적의 공격의도를 사전에 조기경보 및 전파, 또한 적 장비·시설·부대 등의 위치를 탐지 및 이동 상황 등의 정보를 제공하는 병과
정보통신	
방공	적의 항공기, 미사일 등 공중공격으로부터 하늘을 지키는 병과
공병	
항공	헬기를 이용한 신속한 기동, 강력한 화력 및 정밀타격항공지원 및 대민 지원 등의 임무를 수행하는 병과
수송	
병기	
병참	군의 의·식·주의 모든 것을 해결해 주는 병과로 급양관리, 식량, 연료, 탄약·무기·축성자재 등의 보급과 파괴된 각종 물자의 회수, 전투력 유지 및 증대를 위해 목욕·세탁 등의 지원하는 병과

관심 병과	선택 이유

☑ 진로 TIP : 국군 관련 사이트에서 모두 검색 가능함. 아울러 육군, 해군, 공군 및 기타 특수 군인들의 보직이 모두 다르므로 각 사관학교와 부사관 모집 일정 등을 참고

아름다운 영웅 김영옥

도서	아름다운 영웅 김영옥	도서정보	한우성/나무와 숲/2008
교과정보	세계사, 한국사	관련단원	한국근현대사
직업군	군인	진로지수	✿✿✿✿

이 책은 미군으로 제2차 세계대전과 한국전쟁을 참여한 독립운동가의 아들이자 각 대륙에서 전쟁 영웅으로 추앙받는 김영옥의 실화다.

인종차별과 일본인들과의 미묘한 관계를 실력과 훌륭한 군인정신으로 뛰어넘은 그의 삶을 되짚어 보는 길은 세계의 근현대사를 살피는 하나의 지표가 된다. 책 속에는 군인에게 요구되는 윤리와 그 사이에서 고민하는 김영옥의 모습, 인종차별과 개인 가족사의 아픔, 그리고 전쟁으로 인해 고통 받는 이들을 살피는 인간적인 김영옥의 모습이 담겨 있다.

군인의 길을 가고자 하는 이들은 국가관과 가치관, 전쟁과 전우가 무엇인지를 역동적인 한사람의 인생을 통해 배울 수 있다.

책이랑 친해지기

물음 1 세계 2차 대전의 소용돌이 속에 영향을 받지 않은 나라가 없었다고 해요. 이 전쟁이 왜 일어났으며, 어떻게 진행이 되었는지 정리해 보세요.

물음 2 동서고금을 막론하고 전쟁을 통해 영웅이 된 인물은 많아요. 그중 한 명을 선택하고 그가 영웅이 될 수밖에 없었던 이유를 써 보세요. 그리고 최근 재평가되는 부분이 있다면 그 부분에 대해서도 작성해 보세요.

책 속에서 진로 찾기

물음 3 주인공을 기억하는 사람들은 그의 이름이나 호칭을 다르게 기억해요. 호칭들을 정리해 보고 그 이유를 찾아 써 보세요.

- 꼴로레 김

- 커널 김

- 까삐뗀 김

- 김 대령

주인공에게 의미 있는 사건을 요약했어요. 책의 내용을 비교해 보고 O, X로 표시해 보세요.

---

1. 그는 한국전에서 부상당해 진급을 하지 못하게 된다.·····················(　　)
2. '퍼플대대'란 전쟁에서 승리한 부대에게 주는 애칭이다.·················(　　)
3. 그는 웨스트포인트에 진학한다.···(　　)
4. 그의 아내는 처음부터 군인이었다. ···(　　)
5. 그는 한국전 참전 당시 한국군이었다 .·······································(　　)
6. 한국전에서 군인의 잡무를 처리해 주는 소년들을 부르던 호칭은 하우스보이
   였다. ··· (　　)
7. 그가 지고 싶지 않은 전투 중 하나는 인종차별과 관련 있다. ·········(　　)
8. 그의 소대에 인원이 필요할 때 지원하는 사람이 아무도 없었다.······ (　　)
9. 그는 전쟁에서 살아남으면 은퇴 후 개인 사업을 하려고 했다. ·········(　　)

물음 5　주인공에게는 독특한 버릇이 3가지가 있어요. 그것은 무엇이며, 왜 그런지 책에서 찾아보고 정리해 보세요.

물음 6 그의 부대원들은 어느 날 길에서 어린 소년을 데려왔어요. 그 이후 그들은 성금을 모아 고아원에 아이를 맡기고 후원을 시작합니다. 김영옥은 보급물자로 나온 것들의 처분을 부하들에게 일임하고는 모른 척해요. 아래의 글과 최근에 곳곳에서 일어나고 있는 전쟁의 피해자 입장을 다룬 글들을 토대로 군인이 지켜야 하는 것이 무엇인지에 대해 자신의 생각을 정리해 보세요.

> "어느 겨울 어머니 등에 업혀 피난길에 나섰다가 폭격을 만나 다른 가족과 이웃은 모두 죽고 혼자 살았어요. 눈으로 덮인 길에 쓰러져 있는 어머니를 흔들며 울고 있는데 멀리서 미군들이 오더군요. 이들이 안아 데려간 곳이 경천 애인사였습니다. 군인들이 하모니카를 나눠 주며 하모니카 부는 법을 가르쳐 주던 기억이 납니다. 그 군인들 덕분에 살아남을 수 있었습니다. 그분께 참으로 감사합니다."

물음 7 군대에는 의무와 덕목이 있어요. 어떤 것이 있는지 빈칸을 정리해
보고 자신의 우선순위를 만들어 보세요.

의무 덕목	정의
복종	군인에게는 절대적인 요소이며 명령에 대해 즉각적이고, 능동적인 복종은 군인에게는 '선'이다. 모든 명령에 복종하는 것이 아니라. 명령의 성립조건에 합치하는 것만 복종한다.
충성	사전적 의미는 '참마음에서 우러나는 정성'이며 군에서는 '충성이란 대의명분 혹은 참다운 가치를 위해 참마음에서 우러나오는 기꺼운 자기 충성, 자기 헌신을 다하는 것'이라고 본다.
성실	
정직	
용기	자기 자신을 극복할 수 있는 힘으로 위험에 대한 공포와 불의와 타협하고자 하는 욕망을 누르고 정의와 참다운 가치를 위해 행동하고자 하는 의지를 갖는 것이라고 본다.
단결	
책임	맡은 바 임무를 적극적이고 능동적으로 최선을 다해 수행하고 그 성패에 대한 모든 결과를 수용하려는 인격적 특질, 정신적 자세 행동적 성향을 말한다.
검소	
각 항목이 서로 충돌할 경우 우선순위를 어디에 둘지 주인공들과 더불어 생각해 보세요.	
명령 vs 복종	
충성 vs 책임	

☑ 진로 TIP: 참고도서 『군대윤리』, 이광보 외, 진영사, 2009에서 인용

     내 꿈은 군대에서 시작되었다

도서	내 꿈은 군대에서 시작되었다	도서정보	엄홍길 외/ 샘터사/2013년
교과정보	국사, 진로와 직업	관련단원	한국근현대사, 직업 탐구
직업군	군인	진로지수	✿✿✿✿

이 책은 현실에서는 함께 자리하기 어려운 40인이 공통으로 겪은 한 시기를 모았다. 직업도, 나이도 출신지역 등 뭐 하나 어울릴 것 같지 않은 이들의 공통점은 군대다. 그들의 이야기는 모두 다르지만 군대가 자신의 삶에 미친 영향에 대해서 꾸밈이나 과장 없이 서술되어 있어 무겁지 않게 읽을 수 있다.

힘든 일 앞에 어떻게 대처하는가에 따라 삶은 많이 변한다. 군대라는 이름 아래에서 이들의 경험과 이야기를 통해 어떻게 대처할 것인가, 생각할 것인가를 배우고, 군인과 군대에 대한 자신만의 생각을 정리뿐 아니라 자신의 미래를 이끌어 가는 이정표를 찾아볼 수 있다.

책이랑 친해지기

물음 1 아래 표는 2014년 <육군 민간 부사관 모집 공고> 안에 담긴 신체 선발 기준이에요. 빈칸을 채워 보면서 왜 이런 기준이 생겼을지 친구들과 이야기해 보세요.

구 분	신 장	체 중	시 력	비 고
남자	161cm ~ 195cm		· 교정시력 - 우안 : 0.7 이상 - 좌안 : 0.5 이상 · 라식수술자 지원가능	· 문신자는 육규 판정 기준 적용
여자		44 ~ 86.9kg		

물음 2 다음은 요즘 군인들이 많이 부르는 군가 '최후의 5분'이에요. 노랫말을 읽어 보거나 사이트에서 노래를 들어 보고 어떤 느낌이 드는지 친구들과 이야기해 보세요.

> 숨 막히는 고통도 뼈를 깎는 아픔도 승리의 순간까지 버티고 버텨라
> 우리가 밀려나면 모두가 쓰러져 최후의 5분에! 승리는 달렸다!
> 적군이 두 손 들고 항복할 때까지 최후의 5분이다! 끝까지 싸워라!

☑ 진로 TIP : 국군 관련 사이트에서 모두 검색 가능

책 속에서 진로 찾기

물음 3 이야기의 여러 주인공 중, 마음에 드는 이야기와 주인공을 골라 왜 그런지 친구들과 이야기해 보세요.

물음 4 주인공들의 이야기를 중심으로 요약했어요. 책의 내용을 비교해 보고 O, X로 표시해 보세요.

1. 엄홍길은 생식주 훈련기간 중에 제주도 근처 무인도에 버려졌다. …(   )
2. 윤방부는 의사라서 훈련에서 제외되었다. ……………………………(   )
3. 안석환은 군대생활을 모두 긍정적으로 받아들이려 노력했다. ……(   )
4. 공군항공 특기병의 경우 군복무 기간만큼 호봉을 인정받는다. ……(   )
5. 불무리 부대 사단장님의 비전은 '몸짱'이었다. ……………………(   )
6. 미군과 같이 PT런을 할 때 부른 노래는 '뽀뽀뽀'였다. ……………(   )
7. 휴가 시 조기복귀는 가능하지 않다. …………………………………(   )
8. 노라조의 조빈은 문선대에 합격했다. ………………………………(   )
9. 알철모란 동그란 모양의 철모를 말한다. ……………………………(   )

물음 5 책 속에서 서술한 내용을 재구성 했어요. 본문을 읽고 질문에 대한 답을 찾아보세요.

> 군대에 가면서 무엇을 얻겠다는 생각을 하지 않았지만 군 생활 동안 나는 많이 달라졌다. 군대를 가기 전 나는 개인주의적인 사람이었을지도 모른다. 그렇지만 이제 나는 다르다. 나는 10만 명이 넘는 사이버 외교사절단 '반크'의 대표로 대한민국을 알리는 일을 하고 있으며, 오랜 시간 동안 독도에 우리 반크 회원들과 함께 다녀오기도 했다. 세계 빈곤문제를 해결하기 위한 활동도 하고, 이 외에도 대한민국을 알리기 위한 다양한 활동을 한다. 이때 필요한 것들이 체력, 책임감, 조직관리, 리더십, 업무경험 등이다. 이런 기본기를 나는 군대에서 얻었다.
>
> <u>군대에서 어떤 생활을 했기에 그는 이런 기본기를 얻을 수 있었나요?</u>

물음 6 이야기의 주인공들이 하는 명언들이 있어요. 그들이 한 말을 정리해 보세요. 그리고 그 의미에 대해 친구들과 이야기해 보세요.

책 밖에서 진로 찾기

물음 7 제시된 표는 2014년 <육군 민간 부사관 선발 공고>에 제시된 항목 이에요. 아래 표를 통해 군인이 되기 위해서 중·고등학교 과정 중 준비해야 하는 부분들을 정리해 보세요.

① 필기평가(30점) 과목 -1차

구분	지적능력평가/국사	직무성격/ 상황판단평가	인성검사	법무전공평가
세부 과목	·언어능력 ·자료해석 ·공간능력 ·지각속도 ·국사	·직무성격검사 ·상황판단능력	인성검사	·헌법, 민법, 형법 ·형사법

* 국사과목 범위 : 근·현대사(80%), 주변국의 역사왜곡(20%), 20문항

② 직무수행능력 평가(30점), 잠재역량 평가 : 기본점수 0.2점 부여 - 1차

구 분	계	전공학과/경력	자격/면허	잠재역량
배 점(점)	30	15	13	2

* 헌병, 법무부사관 지원자는 직무수행능력 평가별도 적용

잠재역량 관련 증빙
·한국어 : 한국어 / 국어능력인증 자격증(4급 이상) - KBS한국방송공사, (재)한국언어문화연구원 ·전　산 : PCT 300점 이상, 워드/컴퓨터 활용능력/정보 관리사 3급 이상 자 　　격증 ·한　자 : 4급 이상 자격증 ·영　어 : TOEIC 250점 / TEPS 200점 이상 성적표 ·무　도 : 1단 이상 단증 ·리더십 : 고교 학급 / 학년 회장, 대학 과대표 / 회장 증명서

③ 2차 평가 : 1차 평가 합격자 중

구분	평가내용
체력검정	윗몸일으키기, 팔굽혀펴기, 1.5Km달리기 * 1.5Km 달리기 불합격자는 체력검정 불합격 처리(면접평가 미실시)
면접평가	군인으로서의 국가관 / 리더십, 발표력 / 표현력, 태도·발음, 예절, 품성/성장환경 등을 합산하여 개인별 점수제 및 합·불제 판정
인성검사(심 층)	MMPI 결과를 전문면접관이 심층 확인, 합·불제 판정

```



```

물음 8 군대에서 요구하는 리더십과 표현력은 어떤 모습인가요? 그동안 보아
온 책의 내용과 유명한 장군이나 군인들을 비교해 보면서 자신만의
리더십과 표현력에 대한 정의를 내려 정리해 보세요.

```



```

☑ 진로 TIP : 인물과 리더십이 발휘된 상황과 결과를 써 보고 자신이 생각하는
리더십 정의하기

진로체험 1   현장탐방

나진로 군, 일반인 출입금지 지역에 가다

　나진로 군은 너무 궁금합니다. 자신이 꿈꾸는 멋진 군인이 되기 위해 영화나 텔레비전에서만 보던 군인들의 모습을 자세히 보고 싶은데 일반인들은 군대 내에 들어갈 수가 없습니다. 고민하던 나진로 군에게 선생님께서 군대마다 차이가 있긴 하지만 군대 내부를 들어가 볼 수 있는 날이 있다는 것을 알려 주셨습니다. 나진로 군은 자신이 내무반, 훈련하는 곳, 각종 군사 무기들을 직접 보고 만져 볼 수 있다는 것에 설레어 잠을 설쳤습니다. 흔치 않은 기회를 잡은 나진로 군은 경험해 보고 싶은 것이 너무 많습니다. 아침 출발 전 나진로 군은 오늘 군대 안으로 들어가면 꼭 경험하고자 하는 것들을 목록으로 만들었습니다. 어떤 것들인지 같이 보시겠습니까?

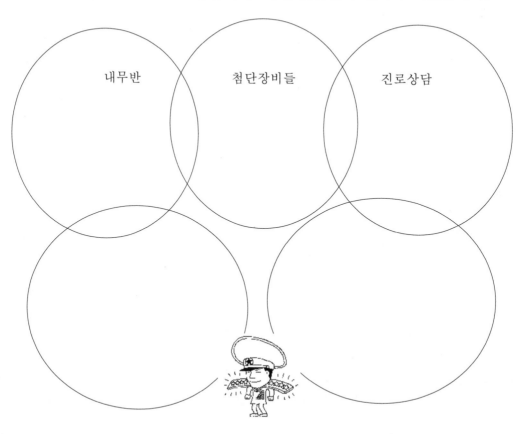

나진로 군, 직업군인 인터뷰에 성공하다

　직접 군대 안을 탐험한 저는 군인의 삶에 대해 좀 더 알고 싶어 그날 만났던 대장님을 만났습니다. 퇴근 후 정복차림으로 오신 대장님은 군대에서 나온 건빵을 지난번에 좋아해서 가져왔다고 하시며 인터뷰에 응해 주셨습니다.

나진로 : 인터뷰에 응해 주셔서 감사합니다. 지금 어떤 업무를 하시고, 군인의 삶을 어떻게 시작하게 되셨나요?

대장님 : 저는 일반 하사관부터 시작했습니다. 사관학교를 나와서 임관하는 분들도 있고 저처럼 하사관부터 시작하는 경우도 있습니다. 저는 지금 군부대 내에서 적응이 힘들거나 개인적인 문제로 인해 갈등하는 군인들을 상담하고 교육하는 일을 하고 있습니다.

나진로 : 저는 군인은 무조건 몸으로 하는 것만 생각하고 육·해·공군만 생각했는데 안에 세부적인 보직들이 많다는 것을 이번에 알게 되었습니다.
　　　　구체적으로 예를 좀 들어 주세요.

대장님 : 많은 일반인들이 그렇게 알고 계신데 군대도 사람들로 구성된 곳입니다. 많은 전문 직업들이 필요하죠. 전쟁을 하기 위한 물자를 담당하는 사람도 필요하고, 분쟁을 담당하는 사람도 필요하고, 건강을 관리해 주는 사람뿐 아니라 각종 교육을 담당해 주는 분들도 필요합니다. 그래서 요즘은 민간에서 활동한 경력을 인정받고 군인이 되시거나 준 군인 대우를 받으시는 분들이 늘고 있습니다. 저희만 해도 자체적으로 군 상담관과 일을 하는데 그분들은 모두 군인과 비슷한 대우를 받으시면서 사회 경력을 가지고 계십니다. 다른 분야도 전문 능력을 활용하시는 분들이 많으시죠.

나진로 : 군인이라는 것에 자부심을 느끼실 때와 힘드실 때가 언제이신가요?

대장님 : 자부심이야 나라를 지킨다는 마음과 내가 필요한 존재라는 것을 인정받았을 때인 것 같고 힘들 때는 아무래도 일반인들이 느끼는 것보다 관리가 필요한데 그것을 제대로 못할 때인 것 같습니다. 저는 특히 공부하는 것이 어려웠습니다. 군대에서도 원하기만 하면 자기개발을 위해 지원하는 것들이 많습니다. 평생학습을 지원하는 제도가 점점 더 확대되고 있어서 고등학교를 졸업하고 오셔도 대학이나 대학원 진학이 가능합니다. 저희 행정관은 지금 한국외국어대학에서 영어를 공부하고 있는데 전액 학비지원을 받고 있습니다.

나진로 : 군인의 세계는 정말 생각과 다른 게 많은 것 같습니다. 군인이 되고자 하는 학생들에게 조언을 해 주신다면 어떤 말씀을 해 주시겠습니까?

대장님 : 군인은 누구나 할 수 있는 것은 아닙니다. 건강한 체력과 국가관이 중요하죠. 그런 부분은 워낙 많이 알려져 있으니 제가 말하지 않아도 될 것 같고요. 저는 무엇보다 군대에서도 자기개발이 가능하고 자신이 가진 특기를 살릴 수 있는 곳이라는 말을 하고 싶습니다. 혹시나 자신이 군인과 다른 것을 놓고 고민한다면 그 두 가지를 동시에 할 수 있는 길이 있다는 것을 기억해 주셨으면 합니다.

나진로 : 직접적인 조언 감사합니다. 소중한 시간 내주셔서 감사합니다.

　지금까지 사단 내에서 군인들의 적응과 교육을 담당하고 계신 대장님을 모시고 저를 포함해서 군인이 되고자 하는 이들을 위한 인터뷰를 진행하였습니다. 군인에 대한 이해가 조금 더 깊어졌으면 하는 바람입니다.

☑ 진로 TIP : 인터뷰 작성 시 업무, 보수, 세부 보직, 및 평생교육 관련 사항이 들어가도록 지도, 군인에게 필요한 자격증에 대한 정보를 제공해서 인터뷰를 작성하도록 유도, 육군 홈페이지를 참고함. 인터뷰 작성 시 군인의 자질이나 강령을 활용할 수 있게 지도.

내무반: 집기류. 침낭 및 침대, TV 및 공동물품 등
진로상담: 군대 내에 있는 상담실, 진로 관련 교육프로그램 등
첨단장비: 탱크, 장갑차, 무선기기 등
PX: 먹는 것, 군용품, 군 캐릭터 상품 등
식당: 식판, 음식, 식단, 요리사 등

제3장

자연적 흥미

동물학자

과학자의 서재
아름답고 슬픈 야생동물 이야기
자연은 위대한 스승이다

동물학자라는 직업이 나와 얼마나 잘 맞는지 확인해 볼까요? 직업 적합도 항목을 읽고 해당하는 만큼 별표에 색칠해 보세요.

항 목	평 가	점 수
1. 동물학자에 대해 얼마나 알고 있나요?	☆☆☆☆☆	/ 5
2. 동물학자가 하는 일에 얼마나 흥미가 있나요?	☆☆☆☆☆	/ 5
3. 장점과 단점을 모두 고려했을 때 동물학자라는 직업을 선택할 생각이 있나요?	☆☆☆☆☆	/ 5
4. 동물학자가 되기 위해 필요한 능력을 갖추기 위해 스스로 노력하고 있다고 생각하나요?	☆☆☆☆☆	/ 5
5. 동물학자가 되기 위해 독서나 체험활동에 참여할 생각이 있나요?	☆☆☆☆☆	/ 5

※ 별 1개당 1점으로 계산하여 점수를 적어 주세요. (점)

총 점	적합도	목표 직업으로 삼을 경우 고려할 점
21~25	매우 높음	직업 적합도가 매우 높습니다. 이 직업을 목표로 삼고 필요한 능력을 꾸준히 개발하도록 합니다.
16~20	높음	직업 적합도가 높습니다. 적합도 점수가 낮은 부분을 중심으로 보완하도록 합니다.
11~15	보통	직업 적합도가 보통입니다. 꾸준히 관심을 가지고 직업에 대해 알아보도록 합니다.
0~10	낮음	직업 적합도가 낮습니다. 해당 직업과 함께 다른 직업의 정보도 함께 알아보도록 합니다.

점검해 보아요	내가 만약 동물학자라는 직업에 도전하고 싶다면, 직업 적합도의 검사 결과에 따라 더 노력해야 할 점은 무엇인가요?

진로독서 1   과학자의 서재

도서	과학자의 서재	도서정보	최재천/명진출판사/2011년
교과정보	국어	관련단원	수필 읽기,
직업군	동물학자	진로지수	✿✿✿✿

통섭의 지식인으로 알려진 최재천 교수의 젊은 시절 겪었던 꿈과 방황의 이야기이다. 하버드대 출신의 세계적인 과학자라는 권위를 얻기까지 그가 겪었던 방황과 갈등을 담고 있다. 또한, 방황은 실패가 아니며 '진정 원하는 길'을 찾아가는 과정일 뿐이라고 말하고 있다. 이 책을 통해 대가의 어린 시절과 학문의 길을 살펴보면서 자신의 꿈과 미래를 설계하고 점검해 볼 수 있을 것이다.

'글 잘 쓰는 과학자'로도 알려진 최재천 교수의 타이틀은 그냥 얻어진 게 아니다. 그는 책을 읽으며 방황했고, 책을 통해 성장했으며 가장 결정적인 영향도 책에서 받았다. 그가 동물학자로 행복하게 사는 이유를 알 수 있다.

책이랑 친해지기

물음 1   최재천 교수는 진로 탐색과정에서 방황과 갈등을 많이 했다고 해요. 그가 겪은 어려움은 무엇이며 어떻게 극복했는지 친구들과 이야기해 보세요.

물음 2 저자는 진로를 결정하고 어떤 직업을 가질 것인가를 고민할 때, '하고 싶은 대로 하면서 밥 벌어먹는 사람'이 되고 싶다고 말했어요. 진로와 직업에 대한 여러분의 생각을 말해 보세요.

책 속에서 진로 찾기

물음 3 과학자 최재천은 동물학자가 되기까지 어떤 과정을 거쳤나요?

물음 4 최재천이 자신을 행복한 과학자라고 말하는 이유는 무엇인가요?

물음 5 세상에는 동물을 사랑하는 사람이 참으로 많아요. 동물을 다룬 책이나 영화도 그만큼 많이 제작되었습니다. 아래에 소개하는 영화를 참고하여 여러분이 본 영화 중에서 동물을 소재로 한 아름다운 영화가 있다면 자유롭게 소개해 보세요.

영화 <아름다운 비행>과
동물행동학자 '콘라드 로렌츠'

영화 '아름다운 비행'은 동물행동학자 '콘라드 로렌츠'를 모델로 했습니다. 캐럴 발라드 감독의 1996년 작품으로 에이미라는 귀엽고 예쁜 여자아이가 등장합니다. 에이미는 갑작스럽게 엄마를 잃고 아빠가 사는 시골 마을로 가게 되는데 마을은 말 그대로 대자연 그 자체로 황홀하지만 엄마를 잃은 슬픔을 이겨 내기는 쉽지 않았습니다.

그러던 어느 날, 집 앞의 광활한 숲을 개발업자들이 밀어 버리는 사건이 발생합니다. 망가진 숲 사이를 배회하던 에이미는 쓰러진 나무 아래서 캐나다산 야생 거위 알을 발견하는데 갑작스럽게 엄마를 잃은 자신과 처지가 비슷하다는 생각에 알들을 헛간으로 가져옵니다. 알들은 백열전구의 따뜻한 불빛 덕분에 세상으로 나오기 시작한 새끼 거위들의 두 눈에 맨 처음 비친 건, 누굴까요? 바로 에이미입니다. 이쯤 되면 머릿속에 떠오르는 두 글자가 있습니다. "각인!"

그렇게 에이미는 16마리의 야생 거위의 엄마가 되었지만 거위들이 자라면서 문제가 생겼습니다. 철새였던 거위들은 따뜻한 남쪽으로 이동해야 했습니다. 딱 한 번의 첫 비행을 안내할 어미 거위가 없어 고민하던 에이미는 행글라이더를 이용해 거위들을 이끌고 비행을 합니다.

이 영화는 캐나다산 야생 거위의 이동에 대한 실제 실험을 토대로 만들어졌습니다. 사실 새의 '엄마'가 됐던 최초의 인간은 동물행동학자 콘라드 로렌츠입니다. 그녀는 조류의 새끼들은 부화하자마자 처음 본 움직이는 대상을 자신의 어미라고 생각한다는 사실을 알게 됐습니다. 흥미로운 것은 그 대상이 꼭 생명체가 아니어도 새끼들이 처음으로 검은색 장화가 움직이는 걸 봤다면 계속 장화를 따라다니고, 처음 본 것이 농구공이라면 농구공을 어미라고 믿는다는 것입니다. 각인이 이루어지면 그 대상에 대한 강한 추종반응이 나타납니다. 각인에 대한 연구는 현대 동물행동학의 시작이며, 매우 중요한 연구라고 할 수 있는데 로렌츠의 뒤를 이어 전 세계적으로 많은 학자가 동물의 행동을 이해하고 밝혀내기 위해 노력 중입니다.

진로독서 2   아름답고 슬픈 야생동물 이야기

도서	아름답고 슬픈 야생동물 이야기	도서정보	어니스트 톰슨 시튼(장석봉)/ 푸른숲주니어/2006년
교과정보	국어, 생물	관련단원	설명문, 야생동물의 삶
직업군	동물학자	진로지수	✿✿✿

"동물도 인간과 똑같이 감정이 있다. 그들도 우리와 똑같이 자연 속에서 자유롭게 살아갈 권리가 있다." 시튼이 말했다. 그는 자연은 그 누구의 것도 아니며 그 안에 사는 모든 생명이 주인이니 조화를 이루며 살아야 한다고 믿었다. 그는 사람처럼 의인화된 동물의 모습이 아니라 자연 속에서 살아 있는 야생동물을 생생하게 그려 내 문학 분야의 새장을 열었고 '사실적 동물문학'이라는 높은 평가를 받고 있다.

총 8편의 동물이 등장하는 이 이야기는 구성상 창작한 부분도 있지만 모두 실화다. 이 책을 통해 동물들의 사고방식과 습관, 그리고 그들을 대하는 인간들의 태도에서 인간이 동물보다 우월하다는 생각 대신 생명에 대한 경외의 눈을 가지게 될 것이다.

책이랑 친해지기

물음 1 동물 중에서 언어를 사용하거나 사람처럼 행동하는 동물이 있는지 자유롭게 친구들과 이야기해 보세요.

물음 2 다음 글을 읽고 (가)의 어미여우 빅스와 (나)의 개의 행동에 대해 다른 점을 찾아보고, 그런 차이가 나타나는 이유를 말해 보세요.

(가) 빅스의 모성애는 한 단계 차원이 높았다. 빅스는 독의 위력을 잘 알고 있었고, 독이 든 미끼가 어떤 건지도 알고 있었다. 그리고 만약 새끼 여우가 사람에게 잡히지 않았다면, 독이 어떤 것인지 가르쳐 주고 그것을 먹어선 안 된다고 단단히 일렀을 게 분명하다. 하지만 빅스는 새끼를 비참한 죄수로 살게 할 것이냐, 죽일 것이냐를 두고 선택해야 했을 때, 가슴속의 모성애를 누르고 마지막 남은 출구를 열어 새끼를 자유롭게 해 준 것이다.

(나) 사람의 행동양식을 받아들인 개는 내 남편의 개다. 그 개는 올여름 어느 무더운 날 남편이 아이스크림콘을 먹으려고 했을 때 우리를 놀라게 했다. 아이스크림을 한 번 핥은 남편은 개가 자신을 빤히 바라보고 있는 것을 알았고 개에게 콘을 내밀었다. 놀랍게도 개는 남편이 그랬던 것처럼 아이스크림을 점잖게 한 번 핥는 것이었다. 남편은 조금 더 핥은 다음 아이스크림을 다시 개에게 주었다. 그러자 개는 역시 조금 더 핥았다. 둘은 그런 식으로 서로 번갈아가며 콘만 남기고 아이스크림을 모두 먹었다. 남편이 콘을 한입 물었다. 개는 지켜보고 있었다. 남편은 콘을 개에게 내밀었다. 개는 입술을 뒤로 끌어당겨 작은 앞니를 내밀고는 아주 섬세하게 콘을 갉아먹는 것이었다. 남편과 개는 두 번 더 번갈아가며 끄트머리만 남을 때까지 콘을 갉아먹었다.

☑ 진로 TIP :
『아름답고 슬픈 야생동물 이야기』, 어니스트 톰슨 시튼, 푸른숲주니어, 2006.
『인간들이 모르는 개들의 삶』, 엘리자베스 마셜 토마스, 해나무, 2003.

물음 3 동물행동학을 연구하는 학자가 되려면 어떤 마음가짐과 자세가 필요
할까요?

물음 4 동물행동학자들은 동물의 행동을 연구해서 환경문제를 해결할 수
있다고 해요. 다음의 사례는 농가에 피해를 주는 까치에 대한 해결
방법으로 여러분이 동물학자라면 이 문제를 어떻게 해결할지 생각
해 보세요.

[사례]

길조로 알려진 까치, 이제 더는 길조가 아니다. 정전사고의 주범인데다 농가에 엄
청난 피해를 주고 있기 때문이다. 까치가 전봇대에 둥지를 틀어 정전사고를 일으
키고 있다. 그래서 많은 예산을 사용해 까치둥지를 털어내고 있다고 한다.

물음 5 아래에 소개하는 동물학자 『제인 구달』을 읽어 보고 자신이 좋아
하는 동물학자가 있으면 친구들에게 자유롭게 소개해 보세요.

동물학자 제인 구달의 일생(다큐멘터리)

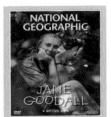

제인 구달 /1934년 4월 3일(영국)/ 캠브리지대학교 대학원 동물행동학 박사/ 2004년 세계야생동물보호기금 평생공로상/ 2002년 벤자민 프랭클린 메달/ 1977 제인 구달 연구소 설립

제인 구달은 침팬지 연구자이자 환경운동가입니다. 1960년부터 탄자니아 곰비 국립공원의 밀림에서 야생 침팬지의 행동과 심리를 그들의 눈으로 연구했는데 침팬지의 손만 잡는데도 6개월을 기다렸다고 합니다. 다큐멘터리의 시작 부분에 아프리카 탄자니아의 아름다운 숲이 펼쳐지며 침팬지들의 소리가 들립니다. 제인 구달 박사는 그곳에 처음 왔을 때, 천국의 모습이 아마 이런 모습일 거라고 생각했다고 합니다. 그만큼 신비하고 아름다운 곳이었지만 서식처가 점점 줄어들어 개체 수도 줄어가고 있다고 합니다.

그녀가 처음 아프리카에 온건 1960년, 26세 때입니다. 탄자니아 곰비(Gombe)국립공원에서 침팬지 연구를 시작해서 곰비 연구센터를 설립하고, 현재까지 침팬지 연구하고 있습니다. 그녀가 긴 세월을 견딜 수 있었던 것은 오로지 침팬지에 대한 사랑이었습니다. 그녀는 곰비 계곡의 침팬지들에게 모두 이름을 붙여 연구하는 것으로도 유명합니다. 제인 구달 전에는 번호를 붙여 불렀답니다. 그녀는 침팬지와의 친밀감과 뛰어난 관찰력으로 침팬지에 대해 놀라운 발견을 많이 했습니다.

침팬지들이 나뭇가지를 흰개미 잡는 도구로 사용한다는 사실을 1960년에 발견했습니다. 인간만이 도구를 사용한다는 당시의 통념을 뒤집은 것이었습니다. 또 같은 해, 침팬지가 알려진 것처럼 채소나 과일만 먹는 것이 아니라 육식을 한다는 사실을 알아냈고, 1974년에는 침팬지들이 원시적인 형태의 '전쟁'을 한다는 것, 1987년에는 침팬지들이 고아를 입양하는 것을 알게 되었습니다.

이런 그녀의 사랑에서 탄생한 연구 결과를 발표할 때마다 많은 사람이 인간과 동물의 관계에 대해 다시 생각하게 되었습니다.

그녀의 노력은 진행 중입니다. 제인 구달은 '야생동물 연구와 교육 및 보전을 위한 제인 구달 연구소'에서 자연과 동물을 사랑하고 서로 존중하도록 가르치는 환경·봉사운동인 '뿌리와 새싹(Roots&Shoots)' 프로그램을 세계적으로 펼치고 있습니다. 그녀의 노력으로 미국 내의 많은 동물원에 있는 침팬지들이 야생에 가까운 환경에서 생활하게 됐습니다. 자연과 동물 사랑, 존중은 우리가 지구에서 살아남기 위해 꼭 필요한 덕목임을 얘기해 준 동물학자의 모습이 아름답게 느껴집니다.

☑ 진로 TIP :유전자를 연구하는 학자, 환경을 연구하는 학자까지 범위 확대 가능

진로독서 3		**자연은 위대한 스승이다**	

도서	자연은 위대한 스승이다	도서정보	이인식/김영사/2012년
교과정보	과학기술, 환경, 정보	관련단원	과학, 환경과 생태, 정보 윤리
직업군	생체모방공학	진로지수	✿✿✿

자연을 희생시키지 않고 경제적 발전을 이룰 수는 없을까? 인류는 미래를 위해서라도 자연과 공존하는 방법을 모색해야 한다. 이런 흐름에 가장 민감하게 대처해 온 과학계에서도 최근 생태적 풍요와 경제적 번영을 함께 이룰 수 있는 과학기술을 모색하고 있다. 바로 자연을 모방하고 자연의 메커니즘을 본뜬 생물영감과 생물모방이 그 분야이다.

이 책에서는 이처럼 자연에서 인류가 직면한 문제의 해답을 찾고 새로운 가치를 발견하는 노력을 보여 주고 있다. 이를 '자연중심 기술'이라 이름 붙이고, 기존 과학의 틀을 벗어나 인류에게 지속 가능한 발전을 보장해 줄 '자연중심 기술'에 주목해야 한다고 말한다. 이를 통해 인류가 직면한 수많은 위기를 해결할 수 있는 방법을 고민하고 해결책을 찾아본다.

책이랑 친해지기

물음 1 '자연중심 기술'이란 무엇인가요?

물음 2 '자연중심 기술'을 통해 인류가 직면한 위기를 어떻게 해결할 수 있을 지 친구들과 이야기해 보세요.

책 속에서 진로 찾기

물음 3 이 책에 나온 생물모방 기술 중 가장 기억에 남는 것은 무엇인가요?

물음 4 아래의 사진은 시속 수십 킬로미터로 빠르게 헤엄치는 상어 피부의 작은 돌기예요. 이를 모방하여 전신수영복을 만들거나 잠수함을 만들기도 합니다. 이처럼 생명체의 특성을 과학적으로 이용하는 기술과 동물행동학은 어떤 관계가 있을까요?

물음 5 아래에 소개하는 영화는 <스파이더맨>이에요. 친구들과 함께 스파이
더맨 영화를 찾아보고 스파이더맨을 슈퍼 히어로로 만든 힘은 어디
서 왔는지를 참고하여 다른 슈퍼 히어로들을 자유롭게 소개해 보세요.

스파이더맨이란 영화에서 기억에 남는 장면
을 꼽으라면, 저는 거미줄에 누워 주인공과 여
자 친구가 이야기를 나누는 장면을 꼽고 싶다.
멋진 그물침대가 있는 것이 낭만적이고 이슬
방울처럼 영롱하고 얇은 줄이 어떻게 끊어지
지 않고 몸을 지탱시키는지도 궁금했다.

가늘지만 강한 거미줄, 비밀은 거미줄의 나
노구조에 있다. 선과 블록의 나노구조 배열이
엄청나게 질긴 거미줄을 만들어 내는 것이다. 거미줄의 배열구조에서 착안한 거미줄보다
6배 더 질긴 섬유를 개발하는 데 성공했다. 꿈의 신소재라 불리는 그래핀과 탄소나노튜
브를 거미줄의 배열 구조와 결합해 훨씬 강한 신소재를 만들어 냈다. 방탄조끼에 사용하
는 합성섬유 케블라보다 12배 이상 튼튼해서 우수한 인공 근육 소재로 쓸 수 있다고 한
다.

전기에너지를 운동에너지로 바꿔 주는 인공 근육 소재는 강하고 유연하면서도 전기가
잘 통하는 것으로 그래핀과 탄소나노튜브가 대표적인 소재다. 그러나 그래핀은 2차원 평
면 구조로 이뤄져 섬유로 만드는 것이 쉽지 않다. 그래서 지금까지는 주로 탄소나노튜브
로 인공 근육 섬유를 만들었다. 하지만 탄소나노튜브는 섬유로 만들면 서로 엉키는 성질
이 있어 성능을 높이는 데 한계가 있었다. 탄소나노튜브 섬유를 만든 뒤엉킨 부분을 강
제로 풀어 다시 배열하는 후처리 과정이 있지만, 방법이 복잡했다.

과학자들에게 힌트를 준 것은 바로 거미줄이다. 2차원 평면인 그래핀과 가는 선 모양
의 탄소나노튜브가 결합한 뒤 스스로 배열되자 추가 공정 없이도 강력한 섬유 소재를
만들 수 있었다. 이젠 더욱 강력한 방탄조끼로도 얼마든지 만들 수 있게 됐다. 스파이더
맨이 슈퍼 히어로가 된 건 바로 강한 거미줄 덕분이다.

☑ 진로 TIP : 슈퍼 히어로 Los ilusionautas, 베트맨, 헐크, 아이언맨, X-맨, 닥터
맨하탄 등 영화와 만화의 등장인물을 모두 활용할 수 있게 지도

나진로 군, 최재천 교수를 취재하다

'통섭원'은 말 그대로 다양한 분야의 전문가가 모여서 자유롭게 자신의 전문지식을 서로 교환하며 소통하는 공간이다. 통섭원의 개설 취지는 인문학과 자연과학을 한데 묶어 새로운 지식을 만들어 내는 것으로 대학에서 이런 기관이 설치된 것은 국내에서 처음이다. 21세기는 학문의 통합시대다. 여러 갈래로 나뉜 학문을 엮어 한 차원 높은 지식으로 승화시키는 것을 말한다. 통섭의 움직임은 학계와 산업계 곳곳에서 활발하게 이루어지고 있다.

통섭원은 생물학 연구에 중심을 둔 '행동생태연구실', 생명의 구조, 기능과 생태적 삶을 산업적으로 응용해 생물학과 사회의 연구를 꾀하는 '의생학연구센터' 그리고 인문학과 자연과학의 통섭을 모색하는 '통섭원연구그룹'으로 구성되어 있다.

'의생학'이라고 하면 생소하게 느껴지겠지만 우리는 이미 많은 의생학을 접하고 있다. '찍찍이'라 불리는 벨크로(velcro)는 식물의 씨를 그대로 모방한 것이다. 물에 젖어도 멀쩡한 휴대전화는 연잎의 구조를 모방한 것이다. 거미줄을 모방한 강철 섬유도 있다. 이렇듯 자연을 배우고 흉내 내서 인간의 삶을 개선하는 학문이 바로 의생학이다.

자연에는 인간이 발명하기 전부터 생명체들이 만들어 놓은 것들이 이미 무궁무진하다. 그리고 이것들을 배우면 농업, 의학, 재료과학, 에너지, 컴퓨팅, 비즈니스 등 다양한 분야의 문제를 해결하는 데 응용할 수 있다. 예를 들어 우리나라 휴대전화의 미래는 동물들의 의사소통 메커니즘을 이해하는 생물학자의 아이디어에서 시작될지도 모른다. 이것이 의생학의 기본적인 연구 과제이다.

통념을 뛰어넘는 신개념, 차원을 달리하는 상상력을 기업들에 제공하는 것이 통섭의 사고이다. 기업체에서 전자공학을 전공한 연구원이 100명이 있어도 귀뚜라미 수컷이 암컷을 부르는 소리신호에 기초한 신개념의 휴대전화를 생각해 내기는 어렵지만, 생물학과 물리학, 경제학과 역사학, 인지심리학과 심신 철학에서 얻은 지식을 함께 풀어 놓고 연구한다면 불가능한 것이 아니다.

대학에서도 최근 범 학문 연구가 활발해지고 있다. 학문 간 경계를 허물고 첨단 분야에 대한 융합연구를 위해 융합 관련 학과 및 전공을 개설하고 신입생을 모집하는 것을 보면 알 수 있다. 가까운 미래는 통섭형 인재들이 이끌어 나가게 될 것이다. 학문 간 소통이 중요한 시대에 사는 미래의 인재들에게 강조하고 싶은 말은 '독서가 더할 수 없이 중요한 전략이다.'는 말이다.

☑ 진로 TIP : 최재천 교수의 저서와 인터뷰 기사 중 발췌하여 재구성

나진로 군, 『생물지도』의 저자를 인터뷰하다

　많은 학생들이 전문적인 직업에 대한 것을 고민할 때 나오는 기본적인 질문들을 간추려 봤습니다. 동물행동학자뿐 아니라 다양한 분야에서 연구를 진행해야 하는 직업군에 관심이 있는 학생들은 참고하길 바랍니다.

나진로 : 동물행동학자가 되려면 어느 학과를 나와야 하나요?

최박사님 : 현재 우리나라의 학부는 직접 관련된 동물행동학과는 없습니다. 관련된 생물학과나 생명과학 같은 곳을 지원하면 유리합니다. 생명공학과 생물자원과 등 공학계열을 지원하시면 됩니다.

나진로 : 대학교를 졸업하면 그 후로는 뭘 해야 하죠?

최박사님 : 21세기는 생명과학의 시대입니다. 생명과학과 관련된 산업이 아주 많답니다. 생물학과 경영학, 법학, 언론, 심리학 등을 복수 전공하여 사회 진출하여 성공한 졸업생이 많습니다. 생물학 전공이 유리하게 작용합니다. 동물행동학자로 진출하려면 관련 대학원에 진학해서 석사, 박사학위를 받는 것이 유리합니다. 교사가 되고 싶다면 사범대학 생물교육과로 진학해서 졸업 후에는 국립, 공립, 사립 중학교나 고등학교에서 생물을 가르칠 수 있습니다.

나진로 : 연봉은 어떻게 되죠?

최박사님 : 동물행동학자가 되면 연구원이나 대학교에서 교수로 재직하면서 연구를 하는 경우가 많으므로 임금은 연구원이나 대학교 교수의 봉급 수준 정도입니다.

나진로 : 교수가 되는 과정과 시간 비용이 궁금해요?

최박사님 : 유학을 생각하는 사람이 많은데 그럴 경우 국내 학부 4년, 외국에서 석사 과정 2년, 박사과정 3년 모두 마치려면 6~8년이 걸립니다. 국내 학비는 평균 1년에 800만 원 정도이며, 외국대학 학비는 대학마다 다르지만, 사립 연간 3만~4만 불 정도이고, 박사학위를 따기까지 5년 정도 예상하면 됩니다. 이외 기숙사 식대가 1년 400만 원, 기타 생활비와 용돈을 포함해서 계산해 보면 됩니다.

나진로 : 어떤 것을 준비해야 하나요?

최박사님 : 단기간에 준비할 수 있는 것이 아닙니다. 지속적인 관심과 노력이 필요합니다. 우선 동물과 관련된 책, 기사, 프로그램 등 다양한 매체를 통해

관심을 키워나가야 합니다. 우리나라에서 생소한 분야이지만 간절한 바람과 열정이 있다면 충분히 개척할 수 있을 겁니다.

나진로 : 이 학과를 지원한 학생들이 겪는 어려움은 무엇인가요?

최박사님 : 동물생명공학은 비교적 새로운 학문영역입니다. 기존의 축산학과가 동물자원에 대한 생산과 이용에 대해 연구합니다. 동물생명공학은 최근에 눈부시게 발전하는 유전공학적 기술을 이용해서 동물의 경제적 가치를 향상하고 궁극적으로 인간의 복리 증진을 높이는 데 그 목적이 있다고 할 수 있습니다. 무엇보다 학생들이 이 학과에 들어오면 실험을 많이 하게 됩니다. 특히 고등학교 때 실험을 경험하지 못한 학생들의 경우 어려움을 많이 겪게 되는데, 학생들의 특별한 노력이 필요한 부분이라고 생각합니다. 1학년 때부터 실험실에 들어가서 기초 실험을 열심히 배우고, 또 관련된 기본적인 유기화학이나 생화학, 생물학, 유전학 등의 분야에 대해서 많은 양의 공부를 해야 합니다.

☑ 진로 TIP : www.career.go.kr 진로상담 발췌

자연적 흥미

생명과학자

한눈에 쏙! 생물지도
권오길의 괴짜 생물 이야기
하리하라의 바이오 사이언스

생명과학자가 된다면 | **나는 이 직업에 얼마나 잘 맞을까?**

 생명과학자라는 직업이 나와 얼마나 잘 맞는지 확인해 볼까요? 직업 적합도 항목을 읽고 해당하는 만큼 별표에 색칠해 보세요.

항 목	평 가	점 수
1. 생명과학자에 대해 얼마나 알고 있나요?	☆☆☆☆☆	/ 5
2. 생명과학자가 하는 일에 얼마나 흥미가 있나요?	☆☆☆☆☆	/ 5
3. 장점과 단점을 모두 고려했을 때 생명과학자라는 직업을 선택할 생각이 있나요?	☆☆☆☆☆	/ 5
4. 생명과학자가 되기 위해 필요한 능력을 갖추기 위해 스스로 노력하고 있다고 생각하나요?	☆☆☆☆☆	/ 5
5. 생명과학자가 되기 위해 독서나 체험활동에 참여할 생각이 있나요?	☆☆☆☆☆	/ 5

※ 별 1개당 1점으로 계산하여 점수를 적어 주세요. (점)

총 점	적합도	목표 직업으로 삼을 경우 고려할 점
21~25	매우 높음	직업 적합도가 매우 높습니다. 이 직업을 목표로 삼고 필요한 능력을 꾸준히 개발하도록 합니다.
16~20	높음	직업 적합도가 높습니다. 적합도 점수가 낮은 부분을 중심으로 보완하도록 합니다.
11~15	보통	직업 적합도가 보통입니다. 꾸준히 관심을 가지고 직업에 대해 알아보도록 합니다.
0~10	낮음	직업 적합도가 낮습니다. 해당 직업과 함께 다른 직업의 정보도 함께 알아보도록 합니다.

점검해 보아요	내가 만약 생명과학자라는 직업에 도전하고 싶다면, 직업 적합도의 검사 결과에 따라 더 노력해야 할 점은 무엇인가요?

독서로 준비해요

진로독서 1　　　　한눈에 쏙! 생물지도

도서	한눈에 쏙! 생물지도	도서정보	김응빈/궁리/2009년
교과정보	생명과학Ⅱ	관련단원	유전자와 생명공학
직업군	중등 생물교사	진로지수	✿✿✿✿

이 책은 교과서 차례의 숨겨진 비밀을 공개한다는 별칭을 붙이고 있다. 교과서 차례의 순서와 배치는 왜 이런가, 왜 이 단원을 배우는가, 이 단원에서 무엇을 배우는가, 이 단원의 내용을 어떻게 응용하는가 등의 질문에서 출발한다. 생물용어에 대한 개념 설명, 배경 지식, 응용 사례, 유사어, 관련 단어, 관습이나 재미있는 이야기 등을 비유적 표현을 사용해 친근감 있게 풀어나가고 있다. 전체적인 구성이 생물 과목 전체의 지형도를 파악할 수 있게 되어 있어 교과 성적이 떨어지는 학생에게는 과학 과목별 길잡이가 되어 요령을 알려주고, 교과 성적이 우수한 학생에게는 과목별 체계를 정리할 수 있는 계기를 제공한다. 여기에 흥미를 지속시켜 과학과 생물에 입문시키는 입문서의 개념도 가지고 있다.

책이랑 친해지기

물음 1　다음은 이 책의 저자에 관한 진로 정보들이에요. 제시된 자료 중 궁금한 점을 포착하여 저자에게 질문해 보세요.(단, 스마트폰, 카카오 톡을 활용해 보세요.)

저자 김응빈 교수님은 대학교에서 생물학과 석사학위를 받고 미생물의 매력에 이끌려 미국으로 건너가 환경미생물학을 공부했다고 합니다. 미국식품의약국 산하 국립독성연구소에서 연구를 수행하다가 1998년부터 미디어아트연구소 상임연구원으로 활동하면서 인문학자들과 활발한 연구 교류를 통해 융합 연구와 대중의 과학교육에도 힘쓰고 있습니다. 얼마 전에는 세바시에서 미생물에 대해 재미있고 전문적인 내용으로 강의를 해 주셨습니다.

교수님, 원래 전공이 생명과학이신데 활동 내용을 보니······.

물음 2 │ 저자 김응빈 교수가 '똥으로 병을 치료할 수 있다'고 한 것처럼 여러분도 생활 주변에 있는 미생물을 찾아보고 미생물 지도를 만들어 보세요.

☑ 진로 TIP : 2명 혹은 4명 정도의 모둠을 이루어 다양한 미생물을 조사하고 사진이나 영상물을 활용하여 발표하게 함

물음 3 다음은 사람을 중심으로 생명체의 특성을 정리했어요. 책의 내용과
비교해 보고 맞는 내용에 √로 표시하세요.

1. 생명체는 세포로 이루어져 있다. ……………………………………( )	
2. 생명체는 발생과 생장을 한다. …………………………………( )	
3. 생명체는 물질대사를 한다.………………………………………( )	
4. 생명체는 생식과 유전을 한다. …………………………………( )	
5. 생명체는 자극에 대해 반응하고 항상성을 유지한다.……………( )	

☑ 진로 TIP : 필요에 따라서 더 많은 문항을 개발하여 퀴즈 형태로 활동하거나
학생이 스스로 5문제, 혹은 10문제씩 만들어서 모둠별로 답을 찾게
하는 활동도 흥미로움

물음 4 저자가 책 속에 인용한 글 중 '몸의 첨단 인지 시스템'과 관련되는
가스 스타인의 소설 중 일부를 요약했어요. ( )에 공통으로 들어
갈 말을 한 단어로 넣어 보세요.

감각 기관은 단독으로 작동되지 않고 ( )의 특정 부위에서 통합된다. 거
기서 인체의 그림이 하나로 그려진다. 피부의 감각점은 뇌에 입력, 통증, 온
도에 대해 전한다. 관찰의 감각 기관은 ( )에 공간에서의 몸의 자세에 대
해 말해준다. 귀의 감각 기관은 균형을 추적하고 내장 기관들의 감각 기관은
감정 상태를 알아낸다. 드라이버가 스스로 정보의 한 채널을 제한하는 건 바
보짓이다. 정보가 자유롭게 흐를 수 있게 하는 게 무엇보다 중요하니까
                          - 가스 스타인의 소설 『빗속을 질주하는 법』 중에서

물음 5 우리나라나 중국의 속담에는 '그 아버지에 그 아들', '부전자전(父傳子
傳)'이라는 말이 있어요. 유전을 의미하는 이 말을 생명현상과 관련하
여 설명한 내용이에요. ( )에 공통으로 들어갈 인물을 넣어 보세요.

부모와 자식은 비슷합니다. 그러나 똑같다고 할 수는 없습니다. 그 이유는
생명 현상의 정보를 담고 있는 물질(유전물질)을 부모에게서 받지만, 이를 전
달하는 과정에서 변화가 생기기 때문입니다. 이것은 『종의 기원』에서 밝힌

( ) 진화론의 핵심이기도 합니다. ( )은 부모와 자식이 대체로 닮았지만 조금씩 다른 것처럼 자식이 살아가야 할 환경도 부모가 살았던 환경과 닮았으면서도 조금씩 다름을 인지하고, 새로운 환경에서 생존에 도움이 되는 변이를 가진 자식이 더 잘 번성한다는 가설과 함께 이를 변형된 세습과 자연선택이라는 말로 함축시켰습니다.

책 밖에서 진로 찾기

물음 6 교과서 이외에 진로 분야에 대한 정보를 얻고자 할 때 수시로 받았던 자료를 소개하고 있어요. 여러분도 이 자료를 읽어 보고 다른 사람에게 소개할 만한 소식을 찾아서 말해 보세요.

소개 받은 기사

저는 동아사이언스에서 생명과학에 대한 정보를 얻고 있습니다. 과학의 기초에서 연구결과, 현황 등 전체적인 내용을 신속, 정확하게 실은 저널이기 때문에 생명과학연구원을 꿈꾸는 저에게는 매우 유용한 자료입니다.

이번 2월호에는 2014년 소치동계올림픽 김연아, 이상화 선수 집중 분석 코너를 통해 '金벽지의 힘'을 소개했는데 김연아 선수가 어떻게 피겨의 여왕이 되었는지, 이상화 선수가 빙상의 여제가 된 이유 등을 선천적 재능, 신체적 조건, 노력과 열정을 곁들여 소개하고 있어 더 흥미롭게 볼 수 있었습니다.

소개해 줄 기사

권오길의 괴짜 생물 이야기

도서	권오길의 괴짜 생물 이야기	도서정보	권오길/을유문화사/2012년
교과정보	생명과학Ⅰ	관련단원	자연속의 인간
직업군	생명과학연구원	진로지수	✿✿✿✿

　　이 책에는 인간부터 작은 미생물에 이르기까지, 이 땅에서 인간과 함께 살아가는 온갖 생물들에 대한 재미난 이야기와 깊은 성찰이 담겨 있어 생물에 대한 배경지식이 부족한 초보자라도 이해가 쉽게 구성되어 있다.

　　교직에 있는 작가답게 친절하게 풀어쓴 이야기 안에는 다양한 학문을 가져와 읽는 이로 하여금 통합 통섭을 무의식적으로 익히게 한다. 때론 과학적 오류를 적절한 문학작품이나 에피소드를 통해 지적해 주며 잘못된 인용이 미치는 영향에 대해서는 강하지만 부드럽게 일침을 놓는다. 이 책은 직접 체험하면서 겪은 일과 그를 통해 얻은 생생한 경험담, 인생살이에서 느낀 고뇌 등 공부와 삶이 절묘하게 어우러져 있다. 단순히 다채롭고 신비한 우리 생물 이야기를 넘어 생생하고 지혜로운 인생사가 담겨 있어 더 의미가 있다.

책이랑 친해지기

물음 1　다음은 저자인 권오길 교수에 대한 소개와 글쓴이의 생각을 덧붙인 글이에요. 생명과학을 좋아하는 학생으로서 이 책의 저자가 연구해 온 달팽이를 찾아보고 아래 달팽이 그림을 완성해 보세요.

> 보기 글　　사전적으로 '괴짜'는 괴상한 짓을 잘하는 사람을 속되게 이르는 말이다. 그러나 권오길 교수처럼 달팽이에 20년을 몰두하고 그와 관련되는 논문을 80편을 썼으며 실제로 생활습관도 달팽이처럼 느리게 행동하게 되는 등 연구하려는 대상에 몰입하고 끈기 있게 연구하는 사람이 결국 성공할 수 있다는 점에서 이분에게 붙은 "괴짜"는 매우 좋은 뜻이라 생각합

니다. 저 또한 개미를 좋아하는 데 앞으로 저는 개미 분야의 괴짜가 되어볼 생각입니다.

→ 미완성 달팽이의 빠진 부위를 해당하는 위치에 그려 보기

물음 2 다음은 이 책의 제목이 다른 생물학 책과는 다르게 느껴지는 이유에 대해 설명하고 있어요. ( )에 공통으로 들어갈 말은 무엇인가요?

이 책 제목은 '괴짜 생물 ( )'입니다. 제목에 ( )가 붙으니까 매우 편하게 느껴진다. 보통 '( )'는 할머니나 할아버지, 또는 편안하고 자상한 사람이 친근하게 들려주는 담화 형식이기 때문에 이 책도 역시 그럴 것이라는 느낌이 온다. 제목에 걸맞게 실제로 책의 내용도 쉽고 편안하게 읽을 수 있었다.

책 속에서 진로 찾기

물음 3 이 책에 대한 서평과 가장 인상적인 내용을 소개하는 글이에요. 예시 글을 읽어 보고 자신과 다른 점, 자신이 생각하는 인상적인 부분을 아래 칸에 작성해 보세요.

이 책은 제목에 나와 있듯이 생물에 대한 이야기입니다. 그러나 책을 읽다 보면, 용어나 서술이 다소 어려운 부분이 있습니다. 전공자가 읽기에는 익숙한 내용이지만 인문계 학생이나 비전공자가 읽으려면 힘들 수 있습니다. 어휘 풀이를 달아 주면 좋을 것입니다. 이 책의 내용 중 가장 인상적인 부분은 노화에 대한 것입니다. 노화를 일으키는 세 명의 용의자로 유전자 가설, 핵산 마멸 가설, 활성산소 세포 산화 등을 알기 쉽게 소개한 점이 좋았습니다.

작성한 글

물음 4 다음은 이 책을 읽고 진로를 결정하는 데 꼭 필요한 질문들이에요. 3가지 질문 중 첫 번째 질문에 대한 답변을 작성해 보세요.

궁금해요	질문에 답할 내용
이 일에 대한 흥미는 어느 정도인가요? →	
무엇이 필요할까요? →	생명과학연구원은 살아 있는 생명체를 과학적으로 연구하기 때문에 논리적이고 분석적인 사고력이 필요해요. 그리고 새로운 것을 발견하려는 끊임없는 호기심과 창의력, 관찰력이 있어야 합니다. 또한 실험실에서 오랫동안 실험하고 분석하는 일이 많기 때문에 문제를 해결하려는 적극적인 자세와 끈기도 필요하지요.

어떻게 하면 될 수 있나요? →	생명과학연구원이 되기 위해서는 생물학, 생물공학, 미생물학, 생명과학, 유전공학 등을 공부해야 되요. 대학교를 졸업한 후 대학원에서 석사, 박사학위를 받아야 연구원으로 일할 수 있고 연구경력이 있으면 좋아요. 생명과학연구원에 대해 더 알고 싶다면 다음 사이트를 방문해 보세요. 교육부 http://www.mest.go.kr 한국생명공학연구원 http://www.kribb.re.kr 생물학연구정보센터 http://bric.postech.ac.kr

☑ 진로 TIP : 대학에 진학하거나 대학 졸업 후 취업을 한다고 가정하고 위 질문에 대한 답을 지속적으로 채워 나가도록 동기를 부여함.

책 밖에서 진로 찾기

물음 5 생명과학자가 되기 위해 진로를 준비하는 과정에서 탐색한 자료를 마인드맵으로 나타내 보는 활동이에요. 아래의 빈칸을 채워 보세요.

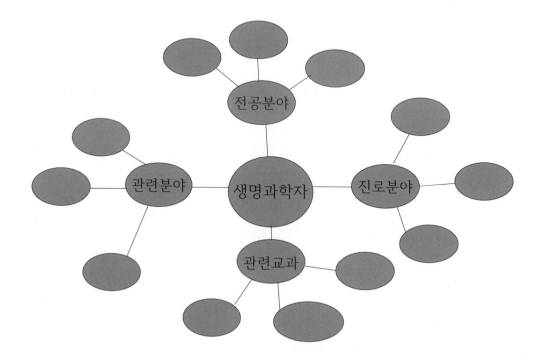

　　　　　　　하리하라의 바이오 사이언스

도서	하리하라의 바이오 사이언스	도서정보	이은희/살림/2009년
교과정보	생활과 윤리	관련단원	과학기술, 환경, 정보 윤리
직업군	생명과학연구원	진로지수	✿✿✿

이 책은 현미경의 발명에서 줄기세포와 유전자 재조합까지, 생명과학의 다양한 비밀들을 담고 있다. 부제에서 알 수 있듯이 세상에서 가장 흥미로운 쇼, 유전의 비밀이 밝혀지는 과정이 흥미롭다. 그 밖에 유전질환에 대한 오해와 편견이 사회적으로 치명적인 결과를 가져올 수 있음을 보여 주며 한편으로는 유전자 재조합 식품과 바이러스를 이용한 유전자 치료 등 이전에는 상상만으로 가능했던 일들이 현실로 이루어지게 된 과정과 원리를 쉽고 생생하게 설명한다. 쉬어가는 페이지에서는 생명과학과 관련된 놀라운 에피소드들을 흥미진진하게 소개하여 이 책을 보는 재미와 시각을 넓혀 주고 있다.

책이랑 친해지기

물음 1 제목에 붙은 '하리하라'의 뜻을 소개한 글이에요. 자신이 생명과학 분야의 저널리스트가 되었다고 가정하여 필명을 지어 보고 필명의 뜻을 소개해 보세요.

'하리하라'는 이은희 작가의 필명이자 인도의 신을 말합니다.

나의 필명

물음 2 이 책의 제목인 바이오 사이언스에 대해 알고 있는 정보가 있다면 무엇인가요?

```
┌─────────────────────────────────────────────────────────────┐
│                                                             │
│                                                             │
│                                                             │
│                                                             │
│                                                             │
└─────────────────────────────────────────────────────────────┘
```

책 속에서 진로 찾기

물음 3 유전의 법칙을 발견한 멘델이 실험 재료를 바꾸게 된 이유와 바뀐 재료를 책에서 찾아 말해 보세요.

```
┌─────────────────────────────────────────────────────────────┐
│  1. 원래의 실험 재료 -                                          │
│                                                             │
│  2. 바뀐 실험 재료  -                                          │
│                                                             │
│  3. 실험 재료가 바뀐 이유 -                                      │
└─────────────────────────────────────────────────────────────┘
```

물음 4 이 책에서 말한 것 중, 농민들이 GMO 식물을 선호하는 이유에 해당하지 않는 것에 √로 표시해 보세요.

```
┌─────────────────────────────────────────────────────────────┐
│  1. 병충해에 강하다. ······························(     )        │
│  2. 가격이 비싸다. ·······························(     )        │
│  3. 잡초 제거가 쉽다. ····························(     )        │
│  4. 수확량이 많다. ·······························(     )        │
│  5. 보관이 편리하다. ·····························(     )        │
└─────────────────────────────────────────────────────────────┘
```

물음 5 책의 내용을 바탕으로 유전자 재조합에 대해 설명한 아래 자료를 보고 ( )에 공통으로 들어갈 단어를 책에서 찾아보고 써 보세요.

```
┌─────────────────────────────────────────────────────────────┐
│    유전자 재조합은 원래 자연 상태에서 존재하는 (     )가 아니라 서로 다른 세 │
│  포에 존재하는 유전자나 인공적으로 합성된 유전자를 벡터 등의 운반체에 실어  │
│  서 기존의 (     ) 속에 끼워 넣어 이전에는 존재하지 않던 새로운 유전자 조합을 │
└─────────────────────────────────────────────────────────────┘
```

만들어 내는 것을 의미합니다.

예를 들면, 농사꾼에게 해충은 골치 아픈 존재입니다. 그냥 놔두자니 작물을 모조리 먹어 치워 해를 끼치고, 그렇다고 살충제를 뿌리자니 살충제 자체의 독성도 만만치 않습니다. 이럴 때 작물이 스스로 알아서 해충으로부터 자신을 보호할 수 있도록 만들어 낸 것이 '해충 저항성 직물'입니다. 미생물의 일종인 Bt 유전자(바실러스 투링지엔시스)에 곤충을 죽이는 독소가 있음에 주목하여 이를 옥수수의 유전자 속에 끼워 넣어 해충에도 끄떡없는 튼튼한 옥수수를 만들었습니다.

책 밖에서 진로 찾기

물음 6 생명과학을 주제로 만든 진로독서 신문이에요. 여러분도 친구들과 모둠을 만들어 진로독서 신문을 만들어 보세요.

제 1 호 2043.10.8.	바이오 넷 http://www.bionews.com/	발간: 박노벨
	이 책은 현미경의 발명에서 줄기세포와 유전자 재조합까지, 생명과학의 다양한 비밀들을 담고 있다. 부제에서 알 수 있듯이 세상에서 가장 흥미로운 쇼, 유전의 비밀이 밝혀지는 과정이 흥미롭다. 그 밖에 유전질환에 대한 오해와 편견이 사회적으로 치명적인 결과를 가져올 수 있음을 보여 주며 한편으로는 유전자 재조합 식품과 바이러스를 이용한 유전자 치료 등 이전에는 상상만으로 가능했던 일들이 현실로 이루어지게 된 과정과 원리를 쉽고 생생하게 설명한다.	
독서 퀴즈	위에 소개한 책의 내용을 중심으로 바이오 관련 퀴즈	
인물 사진	노벨상 수상자 인터뷰	연구 내용 소개
박노벨 박사님 모습	인터뷰 기사	'무엇이 우리를 살아 움직이게 하는가?'
바이오 이미지	바이오 새 소식	노벨상 수상자 특강
	● 녹색 바이오 이야기 2043년 11월부터 조성되는 수도권 드림센터, 연탄재 가득하던 불모의 땅을 매립하고 개간하여 운동, 공원, 생태 숲으로 재탄생한 녹색 바이오 단지에 얽힌 이야기를 오늘 소개합니다.	날짜: 2043년 12월 29일 장소: ○○고등학교 대강당 강의 내용: 생명체가 살아 움직이기 위해서 필요한 에너지를 만들어 움직이는 과정에 다양한 생체반응이 필수적이다. -중략-

　　　生命科学을 탐구하다

나진로 군, 생명과학자를 말하다

> 나진로 군은 생명과학 도서를 읽고 독서 활동을 해 보면서 자신의 흥미, 적성 등이 생명과학자와 잘 맞는다고 판단했습니다. 자신이 알게 된 생명과학자에 대한 정보와 생각을 바탕으로 그림이나 사진을 곁들여서 아래 칸을 채워 보세요.

▼

생명과학자는 (　　　)이다.	<그림 및 사진>
<그림 및 사진>	생명과학자는 (　　　　)을/를 잘해야 한다. 왜냐하면, (　　　　　　　　)하기 때문이다.
생명과학자에게 필요한 인성은 (　　　)이다. 왜냐하면, (　　　　　　　　) 하기 때문이다.	<그림 및 사진>

☑ 진로 TIP : 진로 희망이 동일한 경우 2~4명씩 모둠별로 활동할 수 있음

나진로 군, 『생물지도』의 저자를 인터뷰하다

지난주에 미래생명과학 연구소를 방문하여 연구에 몰두하시는 박사님들을 뵙고 왔습니다. 이번에는 생물지도의 저자이신 김웅빈 교수님을 찾아뵙고 생명과학자가 어떤 일을 하는 것이며 어떻게 준비하고, 또 어떤 자세를 가져야 하는지 들어보도록 하겠습니다.

나진로 : 교수님, 안녕하시지요? 이번에 진로독서 활동하면서 교수님의 저서인 생물학 지도를 잘 읽었는데요. 저 역시 생명과학을 전공하여 바이오 공학을 연구하고자 하는 예비 생물학도로서 궁금한 점이 많아서 교수님께 여쭙고자 찾아뵙게 되었어요. 교수님께서 하시는 일은 무엇입니까?

김교수님 : 네, 저는 생물학을 연구하고 있습니다. 특히 사람들이 더럽다고 피하는 미생물을 주로 연구합니다.

나진로 : 생물 공부를 어떻게 하면 도움이 될지 말씀해 주시겠어요?

김교수님 : 생물이 수학은 아니지만 내용이 복잡하고 어려운 용어들도 많아서 어려워할 수도 있습니다. TV 드라마를 보면서 대사까지 모두 외우겠다고 보는 사람은 없을 것입니다. 그냥 즐겁게 보다 보면 등장하는 많은 배우들과 줄거리를 모두 기억하고 있는 본인을 발견하게 됩니다. 생물을 공부하는 것도 마찬가지입니다. 핵심내용을 무의식적으로 즐기다 보면 세부상황까지도 어렵지 않게 떠오르게 됩니다. 큰 핵심을 먼저 파악하고 흐름을 이해하면 생물이 암기과목이라는 한계를 벗어나게 될 것입니다.

나진로 : 이 일을 하면서 가장 재미있거나 보람된 것은 어떤 것입니까?

김교수님 : 생물에 대해 학생들뿐만 아니라 일반인들에게 쉽게 전달해 줄 때입니다. 대부분 과학, 생물을 어려워하기 때문에 그런 역할이 필요하다고 봅니다. 요즘은 연세대 과학문화 센터에서 인문학 넛지 강좌를 진행하고 있습니다. 그런 활동도 일종의 고전을 통한 과학 이해하기와 알리기의 하나라고 할 수 있지요.

나진로 : 네, 교수님! 말씀대로 다시 공부를 시작해 봐야겠어요. 생명과학뿐만 아니라 자신의 진로를 찾고 준비하는 학생들에게 도움이 될 만한 말씀을 부탁 드려요.

김교수님 : 대학이라는 하나의 목표만 바라보고 공부를 하게 되면 자신이 무엇을 좋아하는지, 하고 싶은 일이 무엇인지 몰라 방황하게 되고 어렵게 대학에

입학을 하더라도 전공이 맞지 않아 입학과 동시에 공부와 담을 쌓고 지낼 수도 있습니다. 이런 실패를 겪지 않으려면, 자신의 꿈을 찾고 스스로 공부하는 힘을 키우는 것이 대학 진학보다 더 중요한 삶의 지혜를 얻는 길이라고 생각합니다. 또한 부모들이 아이의 미래에 대해 자신이 계획을 세우고 아이를 그 계획에 맞춰 끌고 가려하지 않나 반성해 봐야 합니다. 아이에게 스스로 자신의 미래에 대해 고민하고 계획할 수 있는 시간적 여유와 자유를 주는 것이 무엇보다 필요한 일입니다.

나진로 : 네, 마지막으로 생명과학 연구원을 꿈꾸는 저나 다른 학생들에게 하시고 싶은 말씀이 있으시면 전해주세요.

김교수님 : 21세기는 바이오 시대이기 때문에 생물학은 매우 중요한 학문분야입니다. 스스로 찾은 꿈이 이 분야이고 즐겁게 공부할 마음이 있다면 기초부터 충실히 닦아 나가기를 바랍니다.

나진로 : 네, 교수님 감사합니다.

지금까지 생물지도의 저자이자, 바이오 분야의 전문가이신 김응빈 교수님을 모시고 이 분야에 도움이 될 만한 귀중한 말씀을 들었습니다. 생물학 연구자를 꿈꾸는 친구들에게 도움이 되기를 바라며 인터뷰를 마치겠습니다.

자연적 흥미

요리사

셰프의 탄생
음식연구가 황혜성
대가의 식탁을 탐하다

요리사라는 직업이 나와 얼마나 잘 맞는지 확인해 볼까요? 직업 적합도 항목을 읽고 해당하는 만큼 별표에 색칠해 보세요.

항 목	평 가	점 수
1. 요리사에 대해 얼마나 알고 있나요?	☆☆☆☆☆	/5
2. 요리사가 하는 일에 얼마나 흥미가 있나요?	☆☆☆☆☆	/5
3. 장점과 단점을 모두 고려했을 때 요리사라는 직업을 선택할 생각이 있나요?	☆☆☆☆☆	/5
4. 요리사가 되기 위해 필요한 능력을 갖추기 위해 스스로 노력하고 있다고 생각하나요?	☆☆☆☆☆	/5
5. 요리사가 되기 위해 독서나 체험활동에 참여할 생각이 있나요?	☆☆☆☆☆	/5

※ 별 1개당 1점으로 계산하여 점수를 적어 주세요. (점)

총 점	적합도	목표 직업으로 삼을 경우 고려할 점
21~25	매우 높음	직업 적합도가 매우 높습니다. 이 직업을 목표로 삼고 필요한 능력을 꾸준히 개발하도록 합니다.
16~20	높음	직업 적합도가 높습니다. 적합도 점수가 낮은 부분을 중심으로 보완하도록 합니다.
11~15	보통	직업 적합도가 보통입니다. 꾸준히 관심을 가지고 직업에 대해 알아보도록 합니다.
0~10	낮음	직업 적합도가 낮습니다. 해당 직업과 함께 다른 직업의 정보도 함께 알아보도록 합니다.

점검해 보아요	내가 만약 요리사라는 직업에 도전하고 싶다면, 직업 적합도의 검사 결과에 따라 더 노력해야 할 점은 무엇인가요?

진로독서 1 　　　　　셰프의 탄생

도서	셰프의 탄생	도서정보	마이클 룰먼/푸른숲/2013년
교과정보	기술·가정	관련단원	사회 변화와 우리 생활
직업군	요리사	진로지수	✿✿✿✿

　이 책에 소개된 CIA는 엄격한 실습 교육과 논리적인 이론 교육이 어우러진 커리큘럼을 운영하고 있다.

　CIA에서 학생들은 요리의 원리와 기초는 물론, 셰프로서의 마음가짐을 다질 수 있는 좋은 습관도 기르게 강조한다. 강사 셰프들은 단순히 요리에만 그치지 않고, 인간 본연의 먹는 일에 대한 애정과 열정을 키워 갈 수 있도록 지식과 경험을 전수하며 인생 선배로서의 충고도 아끼지 않는다.

　군대에는 사관학교, 음악에는 줄리어드가 있다면, 요리에는 CIA가 있다. 미래 셰프를 꿈꾸는 이라면 요리와 자신의 미래에 대한 전반적인 조언을 얻을 수 있다.

책이랑 친해지기

물음 1 　이 책은 요리계의 하버드인 CIA에서 저자가 2년을 보낸 경험을 글로 작성한 요리 관련 이야기예요. CIA를 포함하여 세계 3대 요리학교로 불리는 곳을 찾아 진로 노트에 기록해 보세요.

　CIA는 (　①　)에 소재한 요리전문 학교로 최고의 셰프를 길러 내는 최고의 요리학교로 알려져 있습니다.
　일본의 (　②　)와 프랑스의 (　③　)와 함께 세계 3대 요리학교로 불립니다.

물음 2 <보기 1>의 홈페이지를 방문하여 학교 커리큘럼을 알아보고 ①~③
에 빠져 있는 과목을 세 가지 정도 써 보세요. 홈페이지에서 알게 된
요리학교의 활동 내용을 장면 중심으로 <보기 2>에 정리해 보세요.

──────── <보 기 1> ────────

홈페이지 주소: Culinary Institute of America www.ciachef.edu

THE
CULINARY
INSTITUTE
OF AMERICA®

가드망제, (　①　), 조리 수학, (　②　), 아시아
요리, 스킬 1, 2, (　③　), 생선 주방, 웨이터 실습
등

◀ CIA 학교 로고

──────── <보 기 2> ────────

☑ 진로 TIP : 인터넷을 활용하여 홈페이지를 방문하고 학과나 전공 정보를 탐색하는 활
동

물음 3 이 책의 1부 기본기를 위한 시간, 스킬 1의 첫 수업에서 강사가 말하기를 '요리에서 가장 중요한 것은 스톡을 만드는 일'이라고 했어요. 최고의 스톡을 결정하는 요소 5가지를 책에서 찾아 써 보세요.

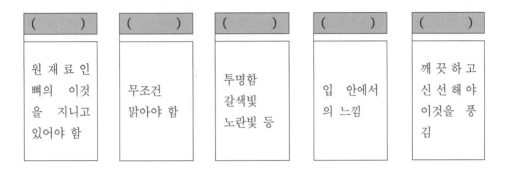

( )	( )	( )	( )	( )
원 재료 인 뼈의 이것을 지니고 있어야 함	무조건 맑아야 함	투명함 갈색빛 노란빛 등	입 안에서 의 느낌	깨끗하고 신선해야 이것을 풍김

물음 4 이 책을 읽으면서 어려운 점에 대해 대화를 나누는 장면이에요. 두 번째 인물이 말했음 직한 내용이 무엇인지 책의 내용과 자신의 생각을 중심으로 말풍선을 채워 보세요.

어려운 점은 용어의 문제였어. 서양 요리를 다루기 때문에 당연히 용어가 생소할 거라는 예상은 했지만, 요리와 관련되는 전문 용어가 매우 다양하고 복잡하며 기억하기가 어렵다는 걸 느꼈거든. 다행히 책 아래에 각주를 붙여서 어려운 용어를 풀이해 놓은 점이 도움이 되었지만 쉽게 와 닿지 않는 부분이 많았어.

그래? 난, (
)

물음 5 이 책 속의 셰프인 헤스트너는 이 세상 모든 요리사가 알아야 할 네 권의 요리 책을 소개했어요. 해당되는 책들은 무엇인가요? 아래의 요리 책 중 해당하는 4가지에 √로 표시해 보세요. 그리고 만약 자신이 요리책을 쓴다면 어떤 책으로 만들고 싶은지 책 제목과 내용을 간략하게 써 보세요.

1. 『에스코피에』   ☐
2. 『라루스의 식도락』   ☐
3. 『동의보감』   ☐
4. 『헤링의 전통 및 현대 요리사전』   ☐
5. 『요리 백서』   ☐
6. 『통섭의 식탁』   ☐

책 제목	내용

물음 6 셰프는 '소크라테스 식으로 요리를 해야 한다'고 강조해요. 이 말의 의미는 무엇인가요? 책의 내용을 바탕으로 이야기해 보세요.

책 밖에서 진로 찾기

물음 7 다음은 이 책의 내용 중 일부를 발췌한 내용이에요. 제시문을 읽고 물음에 답해 보세요.

> 하루는 은정 옆에 앉게 되었다. 은정은 접시에 담긴 코키유 생 자크에서 홍합과 가리비를 꺼내 소스를 떨어내고 있었다.
> "(①   )"
> 처량한 표정이었다. 이곳 음식은 온통 버터와 크림 투성이었다.
> "가드망제에서 만드는 연회 음식은 우리 음식 문화에는 없는 것들이라 정말 새로웠어."
> 미국에서 취업 허가를 받지 못한 은정은 현장 실습을 나가지 못해, 가드망제 후 곧장 베이킹 입문 수업을 듣고 있었다. 그녀는 오는 봄 한국으로 돌아가면 대학원에 다니면서 고급 호텔에서 일하고 싶다고 말했다. ②그리고 난 뒤에는 학생들을 가르치는 게 꿈이라고 했다.

1) 미국에서 생활하고 있는 은정이 ①에서 무슨 말을 했을지 상상해서 써 보고 책에서 찾아 확인해 보세요.

은정 "(①   )"

2) 은정이 조리교사가 되기 위해 필요한 정보들을 수집 한 것 중(②~⑤) 잘
   못된 정보가 들어 있는 문항을 찾고, 해당하는 정보의 내용을 수정해 보세
   요.

조리교사가 되는 방법

① 조리교사란 보통 <u>조리고등학교에서</u> 학생들을 가르치는 사람이다.
② 조리교사가 되려면 <u>4년제 조리학과를</u> 졸업하고, 교직과정을 이수해야 한다.
③ 조리학과 교직과정 이수 방법은 전공과목을 <u>22학점 이상 이수해야</u> 하고 <u>교직과목</u>
   <u>은 10학점 이상 이수해야</u> 한다. 교직과목 이수 자격은 학점 순위로 선발되는 데
   <u>보통 정원의 30% 이내라야</u> 한다. 교직과정의 학점은 3.0 정도 유지해야 한다.
④ 교직을 이수하면 좋은 점은 호텔 취업이 유리하고 <u>임용고사를 통과하면</u> 조리교사
   가 될 수 있다.
⑤ 조리교사 임용고사는 결원이 있을 시 선발한다. <u>보통 3명 이내의 소수를 선발한</u>
   다. 조리교과서와 교직관련 공부를 꾸준히 하는 방법이 있다.

잘못된 문항과 정보 내용 수정

★ 정보가 잘못된 부분 :

★ 잘못된 정보 수정하기 :

음식연구가 황혜성

도서	음식연구가 황혜성	도서정보	안혜령/나무숲/2007년
교과정보		관련단원	우리사회의 과제와 문화발전
직업군	요리사	진로지수	✦✦✦✦

　　조선왕조 궁중음식의 맛과 멋을 꾸준히 이어 온 음식연구가 황혜성 선생님의 삶과 음식 세계를 들여다보는 책이다. 궁중음식 또는 왕실음식이란 한 나라의 전통음식의 정수이다. 가장 싱싱하고, 맛있고 아름다운 음식인 것이다. 우리의 궁중음식은 일제 강점기를 거치며 사라질 뻔했으나 그것을 황혜성 선생님이 마지막 주방 상궁에게 하나하나 직접 만들어 가며 배우고, 대접하고 학문적으로 체계화하였다.

　　이 책은 황혜성 선생님의 인생길을 따라가며 음식에 대한 집념과 열정을 알리고 음식은 그저 먹을 거리에 그치는 것이 아니라 한 시대의 역사와 철학과 문화를 담고 있다고 한 선생님의 가르침을 보여 주고 있다.

책이랑 친해지기

물음 1 　궁중 음식하면 떠오르는 것들을 10가지 정도 찾아보고, 산토끼 노래로 패러디하여 불러 보세요.

물음 2 음식을 다룬 드라마의 이름과 내용을 친구들과 이야기해 보세요.

책 속에서 진로 찾기

물음 3 우리나라 전통 음식의 특성을 정리했어요. 책의 내용과 비교해 보고 ○, X로 표시해 보세요.

1. 발효 음식이 발달해 있다. ……………………………………………( )
2. 곡물 음식을 다양하게 이용한다. ……………………………………( )
3. 식물성 재료가 다양하고 풍부하다. …………………………………( )
4. 국물 음식 문화가 발달해 있다. ………………………………………( )
5. 삶고 볶는 음식보다 생채와 훈제된 요리를 많이 먹는다. …………( )

물음 4 이 책을 읽으면서 가장 인상적으로 남는 부분을 찾아보고, 친구에게 소개하는 글을 작성해 보았어요. ( )에 들어갈 말을 써 보세요.

고 황혜성 선생님(2006년 돌아가심)은 부잣집의 첫 딸로 태어나 일본 유학까지 다녀오셨습니다. 선생님이 창덕궁 (①)를 드나들며 (②) 상궁에게 궁중 음식을 배우고 익히시는 열정과 궁중요리법 하나하나를 정리하고, 집에 와서 다시 만들어 보고 부족한 것들을 채우시려는 모습이 참 존경스러웠습니다. 선생님의 스승인 한 상궁을 세상에 소개하고자 했던 제자로서의 바른 마음과 큰아들을 먼저 보낸 아픈 어미의 심정을 묻어 두고 주변 사람들에게 따뜻한 밥상을 차려 주시는 모든 이의 어머니 같으신 모습, 조선 숙종 때 경상도 (③)에 살던 장씨 부인이 쓴 요리책을 보고 책으로 만난 스승의 (④) 찾아가 책 속 스승을 기리는 모습 등은 오늘날 우리 모두 배워야 할 점들이라고 생각합니다. 특히 어머니로서 (⑤)을 가슴에 묻고도 사명감 하나로 궁중음식 잇기를 위해 헌신하고 노력하신 모습이 자랑스럽습니다.

물음 5 어떤 분야에서 장인이 되기는 매우 힘든 일이예요. 그럼에도 불구하고 황혜성 선생님처럼 궁중요리의 맥을 잇기 위해 평생을 노력한 인물도 있음을 알게 되었어요. 자신이 만약 집안의 가업을 이어야 하는 입장이라면, 어떻게 할 수 있을지 가정하여 말해 보세요.

책 밖에서 진로 찾기

물음 6 다음은 요리사 자격들 중 한식조리기능사 자격증을 취득하는 과정을 문답 형태로 소개한 자료입니다. 물음에 대한 답변 내용을 찾아보고 소개해 보세요.

조리기능사 자격증의 종류와 취득 방법

현재 제가 알아 본 요리사 자격은 한식조리기능사, 양식조리기능사, 중식조리기능사, 일식조리기능사, 복어조리기능사, 제과제빵 등이 있습니다. 그중에서 저는 한식조리기능사 자격증을 취득하는 방법에 대해 조사한 내용을 문답 형태로 소개해 드립니다.

Q1 : 한식조리사기능 자격증이 무엇인가요?

A1 :

Q2 : 자격증 취득에 제한 조건이 있나요?

A2 :

Q3 : 필기 자격증 취득의 조건을 알고 싶어요.

A3 :

Q4 : 필기 자격증의 유효 기간이 있나요?

A4 :

Q5 : 한식 조리사 자격 실기시험에서는 무엇을 평가하나요?

A5 :

대가의 식탁을 탐하다

도서	대가의 식탁을 탐하다	도서정보	박은주/미래인/2010년
교과정보	사회문화	관련단원	개인과 사회 구조
직업군	요리사	진로지수	✿✿✿

이 책은 나폴레옹, 소동파에서 마릴린 먼로, 호치민까지 역사에 빛나는 위인 13인과 그들이 좋아했던 음식 이야기를 담은 역사 교양서이다. 음식에 관한 상식, 이미지는 시대에 따라 달라진다. 사람들이 애착을 갖는 음식, 어떤 시대가 판단하는 '좋은 음식'이란 것은 언제나 변해 왔기 때문이다. 이 책은 역사적으로 이름난 미식가나 외국 음식 에피소드에 자주 등장하는 인물을 간추렸다. 대가들의 희로애락과 함께한 소울 푸드 이야기를 통해 내 삶의 음식은 무엇인지, 나의 소울 푸드는 무엇인지 우리 자신의 삶을 돌아보는 계기를 마련한다. 살아있는 사람과의 대화 같은 인터뷰 형식의 구성과 음식에 대한 실제 사진과 설명은 독자의 이해를 돕고 흥미를 일으키고 있다.

책이랑 친해지기

물음 1 보통 음식은 욕구 충족과 생존 목적을 위해서 섭취해요. 여러분이 생각할 때 어느 것이 우선하는지 생각해 보고 친구들과 이야기해 보세요.

물음 2 훌륭한 요리사란 시각적으로 뛰어난 음식을 만드는 것과 영양을 충분히 갖추는 것 중 어느 것을 우선시해야 하는지 자신의 생각을 친구들과 자유롭게 이야기해 보세요.

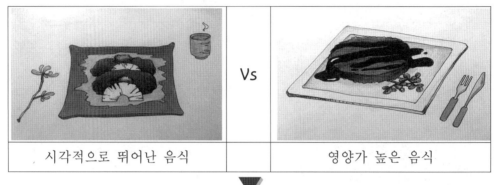

| 시각적으로 뛰어난 음식 | Vs | 영양가 높은 음식 |

내 의 견

책 속에서 진로 찾기

물음 3 이 책은 13명의 인물과 음식에 대한 이야기로 이루어져 있어요. 그 중 가장 인상적이거나 재미있는 인물의 이야기를 하나 선택하여 요리사가 되고 싶은 다른 친구에게 소개해 보세요.

이 책에 소개된 내용에 따라 13명의 인물과 음식 에피소드를 나열해 놓았어요. 인물과 대표 음식을 줄로 연결해 보세요.

반고흐	• •	치즈
로시니	• •	멜론
마르셀 프루스트	• •	샴페인
헤밍웨이	• •	치킨 마렝고
카사노바	• •	동파육
알렉상드르 뒤마	• •	송로버섯
마릴린 먼로	• •	쌀
나폴레옹	• •	감자
발자크	• •	요리
소동파	• •	정크 푸드
호치민	• •	마들렌
레오나르도 다빈치	• •	모히토
엘비스 프레슬리	• •	커피

물음 5 요리 미식가로 잘 알려진 프랑스의 황제였던 나폴레옹 보나파르트는 치킨 요리를 즐겼다고 해요. 책에 소개된 내용을 참고하여 프랑스의 대표적인 크리스마스 메뉴인 꼬꼬뱅의 레시피와 특징을 소개해 보세요.

레 시 피

물음 6 요리사 외에 조리학과를 졸업한 후 진출할 수 있는 진로, 혹은 직업을 설문조사로 알아보았어요. 상위 4개 분야의 순위를 정해 보세요.

1) 조리과 교수   2) 요리저널리스트   3) 요리연구가   4) 외식창업

1위_____   2위_____   3위_____   4위_____

물음 7 20년 후 자신이 세계적인 요리사가 되어 한국조리고등학교에서 명사 특강의 강사가 되었다고 가정했을 때, 요리사를 꿈꾸는 학생들에게 꼭 들려주고 싶은 말은 무엇인가요? 반드시 포함해야 할 키워드를 활용하여 작성해 보세요.

[활용할 키워드]

가족 소통 착함 정직 꿈 독서 가치관 글로벌 환경 도전 행복

☑ 진로 TIP : 20년 후, 자신이 꿈꾸던 요리사가 된다면 어떤 요리사라고 소개할지, 직함이나 소속, 요리사로서의 철학 등을 기록한 명함 만들기 활동도 가능

★★　세상에서 가장 맛있는 편지　★★

미래 셰프를 꿈꾸는 나진로 군!

음식을 만드는 게 즐겁고, 그것을 누군가 맛있게 먹어 줄 때 보람을 느낀다는 말이 저의 어릴 때와 닮은 듯하여 더욱 반가웠어요.

나진로 군, 지난번 편지에서 '요리사로서 멀리 가고 오래 가기 위해서 요리 외에 더 갖추어야 할 능력이 있다면 무엇인지 듣고자 합니다.'라고 했는데 나 자신이 요리를 처음 접할 때로 돌아가서 정말 중요한 게 무엇인지 정리하는 계기가 되었어요. 그동안 여기저기 했던 말들과 평소에 경험하면서 느꼈던 점을 몇 가지 정리해서 보내요.

먼저, 경영이에요. 요리사가 요리만 할 순 없어요. 창업, 외식 경영, 점포 운영을 겸하기 위해서는 요리 경영은 필수고 나아가 요리로 창업하는 경우 시행착오를 줄이기 위해서도 경영은 필수예요. 다음은 셰프에게 최고의 무기는 디자인 능력이라고 생각해요. 요리든 디자인이든 각각의 재료들을 모아 먹을 것, 볼 것을 만들어 내는 활동이라서 같은 재료라도 더 멋지게, 더 맛있게, 더 효율적으로 결과물을 만들기 위해서 디자인 능력은 매우 중요해요. 여기에 외국어를 구사하는 능력과 정보화 능력, 그리고 무엇보다 심리와 관련된 능력을 갖춘다면 멋진 셰프가 될 수 있을 거라고 생각해요.

요리를 한다는 것을 단순하게 허기를 채우는 것이 아니라 문화를 포함한 인간이 살아가면서 만든 모든 것을 배우고 전하는 과정이라고 생각해 주세요. 그러면 더 넓은 요리의 세계가 나진로 군을 기다릴 거예요.

반드시 요리가 아니어도 이런 자세와 공부는 꼭 필요할 거예요. 남은 학창시절 요리사를 꿈꾸며 매사에 최선을 다하는 멋진 나진로 군이 되길 바랍니다.

언젠가 미슐랭 가이드에 오를 수 있는 요리사 나진로 군이 될 수 있도록, 그리고 몇 년 후 나의 든든한 동료가 되어 만날 수 있도록 우리 각자 최선을 다합시다.

한식 요리사

나진로 군, 독립 피자가게 이성실 셰프를 인터뷰하다

　저는 피자 업계에서 독립 브랜드로 인정받고 있는 이성실 사장님과의 인터뷰를 한 후 그 내용을 다음과 같이 정리해 보았습니다.

나진로 : 이곳에서 만드는 피자가 남다른 점이 있다면 무엇인지요?
이성실 : 화학첨가제가 없는 효모를 넣은 천연 도우를 사용합니다.

나진로 : 현재 우리나라는 대형 브랜드 중심으로 프랜차이즈 피자가 우세한 걸로 알고 있어요. 어떻게 독자적인 피자 가게를 열게 되셨는지 그리고 어려운 점은 없었나요?
이성실 : 호텔 레스토랑에서 이 일을 해 본 경험이 있습니다. 거대한 프랜차이즈 피자에 도전하여 동네 가게를 개업하다 보니 홍보의 어려움이 가장 컸지만 정직하게 만든 피자와 몸에 좋고 맛도 있는 피자라면 찾아주실 거라는 믿음으로 초기 어려움을 극복했습니다.

나진로 : 혹시 독립 피자 가게를 운영하시면서 믿고 있는 철학이나 방침이 있으신가요?
이성실 : 네, 모든 일이 그렇듯이 피자 가게를 운영하고 피자를 만드는 데도 자기 철학은 필요합니다. 모든 재료는 당일 구매한다는 판매 원칙과 함께 천연 발효를 철칙으로 삼고 있습니다. 그날 남은 재료는 모두 피자로 만들어서 지역 아동센터 아이들이나 다문화 가정의 어린이들이 먹게 합니다. 저는 재고 신경 안 쓰고 마음껏 피자를 만들 수 있고, 그 친구들은 그날 만든 피자를 맘껏 먹을 수 있어서 서로 좋다고 생각합니다.

나진로 : 여러 직원 분들이 계시는데 어떤 경영 철학이 있으신지요?
이성실 : 네, 직원의 마음을 이해해 주려고 합니다. 피자를 만들거나 손님들께 서빙을 할 때는 그 일이 얼마나 힘든지 알고 다독여 주고 힘든 일은 다른 일과 교체해 주면서 가족 같은 편안한 분위기와 배려로 함께 할 생각입니다. 다행히 개업 이래 같은 직원이 자리를 지켜 주어 직원 관리의 부담도 줄어든 것 같습니다.

나진로 : 양심운영, 이웃사랑 실천, 배려를 통한 경영 등으로 가게를 운영하다 보면 어려운 점이 있을 텐데 어떤지요?

이성실 : 네, 사실 우리 피자가 동네에서는 조금 비싼 편입니다. 천연 발효 방식과 신선한 재료를 사용하다 보니 시간이 오래 걸리고 수작업으로 만들다 보니 원가가 높아집니다.

나진로 : 네, 참으로 대단하세요. 끝으로 미래 요리사를 꿈꾸는 후배들에게 조언해 줄 말씀이 있으신가요?

이성실 : 저는 앞에서도 말씀 드렸지만, 손님들이 제가 만든 피자를 맛있게 먹어 줄 때 가장 큰 보람을 느낍니다. 처음 시작할 때는 어렵습니다. 자격증을 따기까지 기본부터 익혀야 했고 또 자격증을 취득한 후에도 쉽게 원하는 자리가 나오지 않을 수도 있습니다. 그러나 기회가 주어질 때 성실하고 꾸준하게 최선을 다했습니다. 경험을 쌓아야 한다는 생각으로 더 열심히 일했고 남보다 더 빨리 가서 준비하고 남보다 늦게까지 남아서 정리하는 등 직원이었지만 주인이라는 생각으로 애정을 쏟았습니다. 그러면서 점차 신뢰를 얻게 되고 호텔에 소개가 되었으며 거기서 기량을 높이고 서비스 정신을 배워 제 가게를 열게 된 것입니다. 맛과 향만 생각하고 피자를 만들다 보면 몸도 고되고 일하는 시간도 길어서 힘들다고 생각할 것입니다. 그러나 내가 하고 싶은 일을 평생 할 수 있다는 것이 행복하고 그것으로 생활을 할 수 있다는 것이 더 감사하다는 생각으로 종사한다면 누구나 평생 직업으로 해 볼만하다고 생각합니다.

나진로 : 네, 감사합니다.

　지금까지 이성실 사장님으로부터 천연 발효 피자 만드는 일과 당일 판매 원칙, 그리고 피자를 통한 이웃사랑 실천, 내 몸이 피곤해서 안 하면 피자가 안 나오고 열심히 하면 매출도 답을 한다. 손님들이 맛있게 먹어 줄 때 보람을 느낄 수 있어야 한다는 직업의식까지 새겨 둘 말이 많은 시간이었습니다. 음식으로 사람을 살리는 요리사란 정말 멋진 직업이라고 생각합니다. 이성실 사장님! 많이 배웠습니다. 그리고 좋은 말씀 감사합니다.

제4장

예술적 흥미

가수

국제가수 싸이는 게릴라다
나도 가수다
가수를 꿈꾸는 네가 알아야 할 모든 것

가수라는 직업이 나와 얼마나 잘 맞는지 확인해 볼까요? 직업 적합도 항목을 읽고 해당하는 만큼 별표에 색칠해 보세요.

항 목	평 가	점 수
1. 가수에 대해 얼마나 알고 있나요?	☆☆☆☆☆	/ 5
2. 가수가 하는 일에 얼마나 흥미가 있나요?	☆☆☆☆☆	/ 5
3. 장점과 단점을 모두 고려했을 때 가수라는 직업을 선택할 생각이 있나요?	☆☆☆☆☆	/ 5
4. 가수가 되기 위해 필요한 능력을 갖추기 위해 스스로 노력하고 있다고 생각하나요?	☆☆☆☆☆	/ 5
5. 가수가 되기 위해 독서나 체험활동에 참여할 생각이 있나요?	☆☆☆☆☆	/ 5

※ 별 1개당 1점으로 계산하여 점수를 적어 주세요. (점)

총 점	적합도	목표 직업으로 삼을 경우 고려할 점
21~25	매우 높음	직업 적합도가 매우 높습니다. 이 직업을 목표로 삼고 필요한 능력을 꾸준히 개발하도록 합니다.
16~20	높음	직업 적합도가 높습니다. 적합도 점수가 낮은 부분을 중심으로 보완하도록 합니다.
11~15	보통	직업 적합도가 보통입니다. 꾸준히 관심을 가지고 직업에 대해 알아보도록 합니다.
0~10	낮음	직업 적합도가 낮습니다. 해당 직업과 함께 다른 직업의 정보도 함께 알아보도록 합니다.

점검해 보아요	내가 만약 가수라는 직업에 도전하고 싶다면, 직업 적합도의 검사 결과에 따라 더 노력해야 할 점은 무엇인가요?

진로독서 1   국제가수 싸이는 게릴라다

도서	국제가수 싸이는 게릴라다	도서정보	윤문원/씽크파워/2013년
교과정보	문화, 예술	관련단원	행복한 삶
직업군	가수	진로지수	✿✿✿

이 책은 가수 싸이의 성장 배경과 가수가 되기 위 거쳤던 과정을 소개하고 있다. 기업가 아버지와 부유한 집안의 아들로서 가업을 이어가기 위해 경영학을 전공하기를 원했던 아버지를 속이고 음대에 진학해 음악의 길을 걸어가는 자신의 주인공의 모습을 담았다. 우여곡절 끝에 데뷔를 하지만 처음에는 외면 받았던 싸이. 외모에서 가장 치명적인 약점을 가졌던 가수 싸이가 그것을 극복하고 국제가수로 탄생하기까지 작용한 것은 무엇일까? 이 책은 싸이가 국제가수가 되기까지의 과정과 그의 인간적인 면, 그가 성공할 수 있었던 블루오션 전략 등을 저자의 관점을 곁들여 소개했다. 특히 가수를 꿈꾸는 청소년들이 어떤 자세와 과정을 거쳐야 할지 멘토처럼 인성과 가치를 풍부하게 다루고 있다는 점에서 일반인에도 많은 생각을 하게 하는 책이다.

책이랑 친해지기

물음 1 싸이가 국제가수가 될 수 있었던 노래는 무엇인가요? 해당하는 노래를 들으면서 친구와 함께 춤을 춰 보고 느낌을 이야기해 보세요.

물음 2 국제가수 싸이의 예명인 '싸이'의 뜻은 무엇인가요? 이런 예명이 싸이에게 갖는 의미는 무엇인지 이야기해 보세요.

책 속에서 진로 찾기

물음 3 싸이는 14, 15살 되었을 때 한국 국영 TV에서 음악관련 프로그램을 보고 너무 큰 충격을 받아 그 후 1년 동안 다른 음악을 듣지 않았다고 해요. 어떤 내용인지 책에서 찾아보고 아래의 질문에 답해 보세요.

1. 프로그램 명 :
2. 가수 명 :
3. 노래 제목 :
4. **충격을 받은 이유** :

물음 4 싸이는 자신의 외모가 가수로 적합하지 않다고 생각하여 자신만의 독특한 콘셉트를 갖게 되었다고 해요. 남자 가수 싸이만의 콘셉트는 무엇인가요? 책에서 찾아보고 이야기해 보세요.

물음 5 노래를 좋아하고 가수가 되고 싶은 학생으로서 선배 가수 싸이에게 배울 점이 무엇인지 책에서 찾아보고 친구들과 이야기해 보세요.

물음 6 자신이 가수가 되기 위해 현재 어떤 준비를 하고 있으며, 앞으로 어떤 노력을 할 수 있는지 아래 칸에 메모해 보세요.

● 자신이 현재 준비하고 있는 일

● 앞으로 노력하고자 하는 일

물음 7 가수에게 필요한 능력이나 자질이 무엇인지 떠올려 보고, 모둠 구성원들과 의견을 나누어 보세요. 그리고 자신의 생각을 5가지 정도 작성해 보세요.

나도 가수다

도서	나도 가수다	도서정보	이동훈/책이 있는 풍경/ 2011년
교과정보	문화, 예술	관련단원	행복한 삶
직업군	가수	진로지수	✧✧✧✧

"저도 가수가 될래요." 최근 몇 년 동안 아이돌 그룹의 인기와 K-POP의 영향으로 가수를 지망하는 청소년이 급증했다. 그런 청소년에게 이 책은 "소녀 시대 될래? 이승철 될래?"라는 다소 저돌적인 질문을 던진다. 가수를 준비하기에 적절한 나이는 몇 살일까? 어릴수록 좋은 걸까? 가수가 되기 위해서 재능과 노력 중 무엇이 더 중요할까? 음감과 리듬은 어떻게 익혀 가야 하는 것일까? 끼와 재능을 발전시켜 줄 좋은 학원을 찾는 법은 없을까? 이런 궁금증들에 속 시원히 답을 내려주는 지침서다. 이 책은 가수가 되기 위해 필요한 기초 정보부터 구체적인 노하우를 담고 있다는 점에서 유용하며 실용음악과와 엔터테인먼트사에 대한 자세한 소개나 저자 자신이 직접 가르친 지망생들의 사례 등은 가수가 되고 싶은 이들에게 나침반과 같은 책이다.

책이랑 친해지기

물음 1 현재 활동하고 있는 가수 중 자신이 좋아하는 가수의 노래와 그 가수를 좋아하는 이유 등을 친구에게 소개해 보세요.

다음 글을 읽고 질문에 답해 보세요.

이 책을 집어든 여러분에게 단호하게 말합니다. 피와 땀과 눈물, 이 세 가지의 액체와 노력, 성실, 끈기라는 삼대 인생 공식을 가수가 되는 그날까지 계속할 각오가 없는 사람이라면 바로 이 책을 덮으라고. 그런 각오가 된 사람은 찬찬히 이 책을 읽고 하나하나 실천해 가십시오. 힘들고, 어렵고, 지치더라도 결단코 포기하지 말고 실천하십시오. 세상이 여러분의 노래에 감동받아 박수를 보낼 것입니다. 그리고 여러분은 영혼을 치유할 수 있는 능력을 가진 '가수'라는 이름으로 불리게 될 것입니다.

-프롤로그 중에서

1) 이 책의 저자가 프롤로그에서 말한 것 중, 가수가 되기 위한 삼대 공식은 무엇인가요?

2) 자신이 가수가 되고 싶다면 그 이유가 무엇인지 구체적으로 말해 보세요.

책 속에서 진로 찾기

물음 3 다음 글을 읽고 물음에 답해 보세요.

어린 시절부터 가수의 꿈을 키웠던 그는 안양예술고등학교에 진학했다. 춤꾼으로 불리던 그는 고등학교를 졸업하자 가수를 꿈꾸며 여러 기획사에 오디션을 보러 다녔다. 여러 군데의 오디션에서 탈락한 그는 어느 기획사 연습생으로 들어갔다. 그러나 그는 기획사 프로듀서로부터 춤에 비해서 노래가 부족하다는 평가를 듣게 되었다. 충격을 받은 그는 매일 3시간씩 혼자서 연습을 했다. 몇 달 후 그 프로듀서를 찾았을 때 박수를 받을 만큼 노래 실력이 늘었다. 그 후 그는 다음과 같은 인물이 되었다.

CF 한 편에 10억

미국 시사 주간지 <타임>이 선정한 '세계에서 영향력 있는 100인 중 한 명

1) 이 가수는 누구이며 이 가수가 성공할 수 있었던 이유를 윗글에서 찾아보고 이야기해 보세요.

```




```

2) 자신이 가수가 된다면 어떤 노력을 하게 될 지에 대해 친구들과 이야기해 보세요.

```




```

물음 4 저자가 이 책을 쓰게 된 이유는 무엇인가요? 책에서 내용을 찾아보고 2가지 정도를 말해 보세요.

```
첫째,


둘째,
```

물음 5 이 책의 저자는 노래는 많은 얼굴을 가지고 있다고 했어요. 저자가 말한 노래를 참고하여 자신이 생각하는 노래는 무엇인지 떠올려 보고 아래의 칸을 채워 보세요.

저자가 생각하는 노래	인생의 치료제, 지친 영혼을 달래는 메아리, 나이가 들면 '추억'이 되기도 하는 것
내가 생각하는 노래	

물음 6 노래 잘하는 가수와 비주얼이 좋은 가수 중 어느 쪽이 더 낫다고
생각하는가에 대한 토론활동 중 일부예요. 아래 토론자의 의견을
읽어 보고 반대되는 입장에서 자신의 의견을 발표해 보세요.

저는 비주얼이 좋은 가수가 더 낫다고 생각합니다. 가수라고 해서 모두 똑같은
가수가 아닙니다. 가수들은 각자의 스타일과 유형이 있습니다. 과거에는 가수가
노래만 잘하면 됐지만 지금은 다릅니다. 가수라고 해서 꼭 노래만 잘하라는 법은
없습니다. 영화를 좋아하는 사람이 있고, 책을 좋아하는 사람이 있고, 여행을 좋
아하는 사람이 있듯이 가수도 마찬가지입니다.

가수도 자신의 취향을 정확하게 알고 어떤 취향의 음악적 색깔을 가질지, 어떤
모습(이미지)의 가수가 될지, 자신이 가장 잘할 수 있는 장르는 무엇인지를 분명
히 알고 준비해 나가야 합니다.

사람은 누구나 자신만이 잘할 수 있는 분야가 있습니다. 그것을 찾아 꿈으로
성장시킨다면 언젠가는 그 꿈을 성취할 것이며, 비록 많은 난관에 부딪힌다 하더
라도 용기를 가지고 도전하다 보면 언젠가는 세상 위에 우뚝 선 자신을 발견할
것입니다. 따라서 저는 노래보다는 비주얼과 같은 다른 요소가 더 중요하다고 생
각합니다.

[반대 의견]

도서	가수를 꿈꾸는 네가 알아야 할 모든 것	도서정보	내가네트워크/흐름출판/ 2012년
교과정보	음악	관련단원	공연
직업군	가수	진로지수	✿✿✿

　　이 책은 가수 출신의 기획사 대표가 비전 그리고 자신이 경험으로 터득한 가수에 대한 조언들을 담았다.

　　가수를 키우는 기획사에서 만든 가수 지망생들을 위한 이야기로 기획사는 어떤 자질을 가진 인물을 원하는지, 가수들은 어떤 트레이닝을 받는지 등 가수가 되고 싶은 이들이 묻는 66가지 질문에 대한 답을 제시한다. 그런 답안에는 연습생에서 가수 데뷔까지의 과정, 오디션 지원서 작성 방법, 외모에 대한 것, 꼭 기획사에 들어가야 하는지 등의 오디션에 대한 것과 보컬, 댄스, 랩 등 연습생들의 일상들을 담고 있다. 환상으로 가득한 가수 지망생들에게 가수가 되기 위해 얼마나 많은 노력과 힘든 과정을 겪어야 하는지 이야기하며 자신의 지금을 돌아보고 가야 할 길에 방향타를 제시하고 있다.

책이랑 친해지기

물음 1　여러분이 알고 있는 기획사에는 어떤 것이 있으며, 그중에서 좋아하는 기획사는 어디이며, 이유는 무엇인지 이야기해 보세요.

1. 기획사의 종류 :
2. 좋아하는 기획사 :
3. 좋아하는 이유 :

물음 2 대한민국의 유명한 기획사들과 그곳에 속해 있는 가수, 혹은 그룹입니다. 소속사와 소속 가수들을 바르게 연결해 보세요.

YG ●	● 소녀시대, 동방신기, 보아, 슈퍼주니어 등
안테나뮤직 ●	● 2NE1, 싸이, 빅뱅, 악동뮤지션, 이하이 등
SM ●	● 정재형, 루시드폴, 박새별
큐브 ●	● 2PM, 2AM, 미쓰에이, 박지민, 선미 등
JYP ●	● 비스트, 포미닛, 지나 등

책 속에서 진로 찾기

물음 3 기획사 오디션을 보아야만 가수가 되는 것일까요? 이 책에서 소개한 가수 데뷔의 방법들을 찾아보고, 자신이 가수가 된다면 어떤 방법이 좋을지 친구들에게 소개해 보세요.

[가수 데뷔의 방법들]
기획사 오디션, 방송사의 오디션, 길거리 캐스팅, 각종 가요제, 가수 지망생들의 아카데미 등

[내가 선택한 방법 소개]

물음 4 가수는 당연히 노래를 잘 해야 해요. 이 책의 저자는 노래를 잘하는 기준을 무엇이라고 생각하는지 찾아보고 소개해 보세요.

물음 5 다음은 스타를 만드는 사람 중 내가네트워크 이사 겸 작곡가 윤일상이 말하는 성공하는 가수들의 공통점이에요. (   )에 들어갈 내용을 책에서 찾아보고 순서대로 작성해 보세요.

올해로 내가 음악계에 입문한 지 21년이 되었다. 그동안 나는 대한민국의 거의 모든 인기 가수들과 작업을 했다. 나만큼 그들이 가수가 되기 위해서 얼마나 많은 노력을 했는지, 그리고 얼마나 열정 가득한 삶을 살고 있으며 또 얼마나 힘겨운 슬럼프를 이겨 내고 지금의 자리를 지키고 있는지 아는 사람도 흔치 않을 것이다.

　　　정상의 자리를 지키는 가수들에게는 몇 가지 공통점이 있다.

　　　　　첫째, (　　　　　　　　　　　)

　　　　　둘째, (　　　　　　　　　　　)

　　　　　셋째, (　　　　　　　　　　　)

물음 6 연습생에서 가수로 데뷔하기까지의 과정들을 10가지로 모았어요. 이 책에 소개된 내용을 참고하여 실제의 순서대로 다시 배열해 보세요.

그룹 멤버 결정 - 앨범 기획 - 프로듀싱 작업 - 작곡가 섭외 - 앨범 마케팅 - 가사 공모 및 선택 - 코러스와 악기 녹음 - 노래 다듬기 - 비주얼 작업- 앨범 다듬기(믹싱, 마스터링)

[순서대로 재배열하기]

☑ 진로 TIP : 이 활동은 카드를 만들어 나누어 주고 친구들이 실제로 가수가 되는 과정을 시뮬레이션을 해 본 후 순서를 찾아 가도록 설계

물음 7 자신이 닮고 싶은 가수와 그 가수의 장점, 그리고 자신이 가수가 된다면 어떤 가수가 되고 싶은지 자유롭게 이야기해 보세요.

- 키워드 -

열정, 가창력, 춤, 대중, 아이돌, 발라드, 록, 댄스, 랩, 작곡, 싱어송라이터 등

이미지	약력
장점	단점

● 내가 가수가 된다면

나진로 군, 국제가수 싸이를 인터뷰하다

저는 이번에 해외에서 인기 가수로 인정받고 있는 국제가수 싸이와 인터뷰를 한 후 그 내용을 궁금증 위주로 정리해 보았습니다.

나진로 : 안녕하세요. 궁금한 점은 싸이님이 12년 동안 우리나라에서 가수활동을 했는데 어느 날 국제적인 가수로 인기를 끌게 되었지요. 혹시 그 비결이 무엇인가요?

싸이 : 네, 아주 적절한 질문입니다. 저 이전에도 K-POP 가수들이 많은 것 아시죠? <강남스타일>이 국제적인 노래가 된 가장 큰 비결은 이미 여러 군데서 말씀 드렸듯이 유투브 덕입니다. 그래서 저의 성공이 저의 것만이라고 말할 수가 없습니다. 그런 면에서 저는 참 행운아인 것 같습니다.

나진로 : 네, 싸이님은 참 겸손하신 것 같아요. 자신의 성공을 내세우지 않고 행운이라고 말씀하시네요. 그런 생각을 하시는 이유는 무엇인가요?

싸이 : 네, <강남스타일>은 제가 만든 게 맞습니다. 그러나 세계적인 노래가 된 것은 우리 모두의 참여 덕분이고 그것이 하나의 현상이 된 덕분입니다. 단지 유투브에 올려놓은 것을 따라 부르고 소개하고 패러디하면서 수많은 <강남스타일>이 생겨나게 되었습니다. 저뿐만 아니라 제 주변 사람들도 깜짝 놀랐습니다. 이런 도움으로 저와 제 노래가 성공을 했으니 이건 제 덕이 아니고 여러분의 덕입니다. 그래서 저는 행운아라고 말씀 드린 것입니다.

나진로 : 역시 『국제가수 싸이는 게릴라다』에서 싸이님을 말 잘하는 가수라고 하더니 틀린 말이 아니군요. 그럼 싸이님은 처음부터 이렇게 크게 성공한 가수가 될 거라고 생각하셨나요?

싸이 : 음, 크게 성공까지는 아니고 성공을 하고 싶은 열망이 많았습니다. 가수 생활 12년 동안 많은 일들을 겪으면서도 노래를 놓지 않았던 것은 노래가 제일 좋았기 때문이기도 하고 또 뭔가 확실하게 성공을 해 보고 싶은 욕심도 있었던 것 같습니다. 물론 그만큼 음악에 몰입하고 집중하

는 시간도 필요했다고 보면 됩니다.

나진로 : 네, 싸이님의 노래는 고급보다는 대중적인, 어찌 보면 저급한 몸동
작이나 가사도 많이 넣으시는데 특별한 이유가 뭔가요?

싸이 : 네, 사람들이 노래를 부를 때 듣기만 하는 노래, 보기만 하는 춤은 재
미가 없을 것 같았습니다. 노래와 춤은 스스로 부르고 추었을 때 즐거움
도 커집니다. 그래서 무조건 재미있게 음악을 만들고 춤을 추었습니다.
그 결정판이 <강남스타일>입니다.

나진로 : 네, 싸이님의 음악관이라고 할 수도 있겠네요. 그러면 지금까지 음
악 작업 하시면서 가장 기억에 남는 일은 무엇인지요?

싸이 : 네, 첫 방송 데뷔 때가 생각납니다. 저를 몰라주는 방송국 사람들의
관심을 끌기 위해서 방송국 복도에서 춤을 추었습니다. 누구든 나를 좀
봐 달라, 알아 달라는 처절한 몸부림이었습니다. 결국 PD 한 분이 제 춤
에 흥미를 가지고 저를 불러서 춤을 더 추게 했고 그 인연으로 방송에
나가게 되었습니다.

나진로 : 네, 참으로 대단하십니다. 끝으로 미래 가수를 꿈꾸는 후배들에게
조언해 주실 말씀이 있으신가요?

싸이 : 저는 앞에서도 말씀 드렸지만, 대중들이 즐겁게 부르고 춤출 때 저도
기쁘고 보람을 느끼는 가수입니다. 그게 가능하려면 자신만의 특기, 개
성을 찾아야 합니다. 무턱대고 남의 흉내 내기보다는 조금 더디고 힘들
더라도 자신이 가진 적성과 성격, 심지어 신체나 외모 조건까지도 살려
서 음악에 담아야 합니다. 그것이 자신만의 음악으로 대중들에게 다가가
는 진실한 길입니다.

나진로 : 네, 감사합니다.

지금까지 국제가수 싸이님으로부터 가수에 대한 이모저모 들었습니다. 싸
이님! 좋은 말씀 감사합니다. 다음에는 직접 뵙고 한 수 배우면서 인터뷰하기
를 기대합니다.

제5장

국제적 흥미

호텔리어

호텔리어 로랑의 시선
성적은 짧고 직업은 길다
터키의 매혹

호텔리어라는 직업이 나와 얼마나 잘 맞는지 확인해 볼까요? 직업 적합도 항목을 읽고 해당하는 만큼 별표에 색칠해 보세요.

항 목	평 가	점 수
1. 호텔리어에 대해 얼마나 알고 있나요?	☆☆☆☆☆	/ 5
2. 호텔리어가 하는 일에 얼마나 흥미가 있나요?	☆☆☆☆☆	/ 5
3. 장점과 단점을 모두 고려했을 때 호텔리어라는 직업을 선택할 생각이 있나요?	☆☆☆☆☆	/ 5
4. 호텔리어가 되기 위해 필요한 능력을 갖추기 위해 스스로 노력하고 있다고 생각하나요?	☆☆☆☆☆	/ 5
5. 호텔리어가 되기 위해 독서나 체험활동에 참여할 생각이 있나요?	☆☆☆☆☆	/ 5

※ 별 1개당 1점으로 계산하여 점수를 적어 주세요. (점)

총 점	적합도	목표 직업으로 삼을 경우 고려할 점
21~25	매우 높음	직업 적합도가 매우 높습니다. 이 직업을 목표로 삼고 필요한 능력을 꾸준히 개발하도록 합니다.
16~20	높음	직업 적합도가 높습니다. 적합도 점수가 낮은 부분을 중심으로 보완하도록 합니다.
11~15	보통	직업 적합도가 보통입니다. 꾸준히 관심을 가지고 직업에 대해 알아보도록 합니다.
0~10	낮음	직업 적합도가 낮습니다. 해당 직업과 함께 다른 직업의 정보도 함께 알아보도록 합니다.

점검해 보아요	내가 만약 호텔리어라는 직업에 도전하고 싶다면, 직업 적합도의 검사 결과에 따라 더 노력해야 할 점은 무엇인가요?

진로독서 1		호텔리어 로랑의 시선		

도서	호텔리어 로랑의 시선	도서정보	구유회/안나푸르나/2013년
교과정보	윤리, 진로직업	관련단원	직업의 윤리, 진로직업
직업군	호텔리어	진로지수	✪✪✪✪

5성급 호텔 그랜드 하얏트 서울에서 27년이 넘도록 호텔리어로서의 자리를 지키고 있는 저자의 경험이 녹아 있는 에세이다. 이 책에는 호텔리어만이 경험할 수 있는 놀랍고도 다채로운 일상과 즐거운 이슈들이 담겨 있어 보는 이로 하여금 호텔리어의 역동적인 생활과 자부심, 긍지 그리고 직업에 올인하기 위해 살아가는 직장인의 모습을 느끼게 한다.

저자는 호텔 서비스의 수준을 고객의 꿈을 얼마나 현실로 실현하는가에 두고 있다. 아마추어 없는 호텔리어의 삶은 24시간 생방송 무대와 같다. 자신의 뼛속에 새겨진 '호텔리어'라는 직업을 너무나 영광스럽고 감사하게 생각한다는 저자를 통해 미래 호텔리어를 꿈꾸는 학생들이 무엇을 준비하고 생각해야 하는지를 알 수 있게 된다.

책이랑 친해지기

물음 1 이 책은 호텔리어로서 살아온 저자의 경험담이에요. 호텔리어는 어떤 일을 하는 사람이라고 생각하나요?

물음 2 흔히 굴뚝 없는 산업이라고 하는 마이스(MICE)산업에 대해서 알고 있나요? 아는 대로 말해 보세요.

책 속에서 진로 찾기

물음 3 저자가 호텔을 처음 경험해 볼 수 있는 기회를 준 사람은 누구인가요?

물음 4 누나와 함께 간 호텔에서 저자는 어떤 생각을 했으며, 호텔은 저자에게 어떤 곳이라 느껴졌나요?

물음 5 저자가 호텔리어로 진로를 결정하게 되는 과정을 설명해 보세요.

물음 6 저자는 1986년에 입사하여 현재도 같은 호텔에서 근무를 하고 있어요. 누군가 매일 같은 곳에 출근하고 퇴근하는 것이 지겹지 않느냐는 질문에 저자는 어떻게 대답했나요?

물음 7 꿈의 공간, 파티 기획자 로랑에 대한 글의 내용 중 Airlines Night, 즉 '항공사의 밤' 테마 파티 부분이 있어요. 괄호 안에 적절한 단어를 넣어 보세요.

손님들은 승무원으로 변신한 직원들의 서비스, 기내식을 본 딴 메뉴와 칵테일, 한편에 있던 14미터에 달하는 비행기 모형에도 즐거워했지만 특히 초대장이 재미있었다고 말했다. 파티의 기획에 맞게 (   )처럼 만든 초대장에 입장료 대신 (   )를 제시했다. 손님들은 입구에서 승무원 복장을 한 직원에게 이 항공 탑승권을 보여 주면서 아마 비행기에 오르기 전 기쁨을 만끽했던 것 같다. 그것이 마치, 가지고 있는 사람을 미지의 환상 속으로 초대하는 티켓인 것마냥.

책밖에서 진로 찾기

물음 8 책의 내용을 통해 여러분이 관심이 있는 호텔리어 직업에 관한 정보를 수집하고 이미지를 포함해 정리해 보세요.

-키워드-

조건, 연봉, 자격증, 취업방법, 호텔업무 종류, 우리나라 호텔,
외국 호텔, 여행, 호텔학과 등

호텔리어 직업정보 셀프 가이드

이미지	관련 직업 유명인
자격조건	윤리

멋진 호텔리어가 되기 위해 내가 준비해야 할 것들

진로독서 2		성적은 짧고 직업은 길다		

도서	성적은 짧고 직업은 길다	도서정보	탁석산/창비/2009년
교과정보	진로직업	관련단원	진로직업
직업군	전체직업군	진로지수	✧✧✧✧

인생에서 가장 중요하다고 할 수 있는 직업을, 거의 맨땅에 헤딩하는 기분으로 그때그때 택하거나, 성적 혹은 자격증에 의존하는 게 변화하지 않은 우리의 현실이다. 이 책은 작가가 진로를 고민하던 시기에 필요로 했던 것들을 정리한 책이다. 불필요한 고민을 하는 대신, 보다 적극적이고 긍정적으로 앞장서 가길 바라는 작가의 마음이 그대로 담긴 직업론이다. 진로상담사를 옆에 앉혀두고 마냥 뿌듯한 느낌을 가져볼 수 있는 시간을 주는 이 책은 조언과 경험이 담겨있지만 단순히 책을 읽고 따라하는 것보다는 자신이 생각하는 진로와 관련한 활동을 할 의지를 가지고 적용하길 바라는 작가의 의지를 충분히 지킨다면 진로에 대한 고민의 자리에 다른 것을 둘 수 있다.

책이랑 친해지기

물음 1 책의 저자의 직업과 진로를 찾아보고 요약해 보세요.

물음 2 철학자인 저자가 직업에 관한 책을 저술하게 된 동기는 무엇인가요?

책 속에서 진로 찾기

물음 3 왜 저자는 성적은 짧고 직업은 길다고 이야기했을까요?

물음 4 이 책은 비록 진로 전문가가 쓴 책은 아니지만 우리가 진로를 선택하는 데 무엇이 중요한지 알려 주고 있습니다. 책을 통해 감동받은 부분은 어떤 부분이고 감동받은 이유는 무엇인가요?

물음 5 저자는 직업 선택이 어려운 이유를 8가지 들었어요. 어떤 것들이 있었는지 써 보세요.

책밖에서 진로 찾기

물음 6 직업에서 성공하는 비결에 대한 저자의 생각을 정리해 보고, 호텔리어로 성공하기 위한 비결이 있다면 무엇이 있을지 찾아서 정리해 보세요.

☑ 진로 TIP : 각 학교 호텔학과 모집공고 및 안내문 찾기를 통한 활동을 보조
　　　　　　활동으로 넣어서 활용

물음 7 호텔리어도 감정 노동자 중 하나라고 해요. 호텔리어 감정의 변화는 주로 언제 일어날 지 생각해 보고, 호텔리어의 성공적인 삶을 위해서 어떤 성공원칙을 가져야 할지 책을 활용해서 정리해 보세요.

☑ 진로 TIP : 호텔리어와 승무원이 공통적으로 배우는 CS 교육프로그램 목차 활용

　　　　　　　　터키의 매혹

도서	터키의 매혹	도서정보	이태원/기파랑/2013년
교과정보	사회문화, 지리, 세계사	관련단원	사회와 문화, 역사와 문화
직업군	여행지 호텔리어	진로지수	✿✿✿✿

매혹의 땅 터키 여행을 위한 길잡이!

충분한 예비지식을 갖고 가야 할 여행지인 만큼 매력적이고 아름다우며 다양한 얼굴을 가진 터키를 어떻게 즐길 것인가, 무엇을 알고 가야 하는가를 고민할 것이다. 이때 우리는 책과 가이드 그리고 현지를 먼저 가 본 여행자들의 노하우를 찾는다. 이 책은 그런 우리의 요구사항을 모두 파악해서 정리해 놓은 안내서 같은 개념이다. 동서양을 걸쳐 있는 이 세상 유일한 나라, 로마로부터 오스만 비잔틴 제국의 수도이기도 했던 곳이기에 무한 매력을 가진 이곳을 아름다운 사진과 더불어 보는 것이 이 책의 큰 매력이다. 그렇지만 우리는 이 책을 최근 여행 인구가 급격히 늘어나고, 한류영향으로 인해 관광국가로 떠오르고 있는 우리나라 환경에 필요로 하는 국제적인 감각을 가진 호텔리어가 되고자 하는 이들을 위해 재해석하고 있다.

책이랑 친해지기

물음 1 이 책의 저자에 대해서 알고 있는 내용을 말해 보세요.

물음 2 책의 서두에서 저자는 터키에 대한 여러 가지 애칭을 언급하고 있어요. 영국의 역사학자 토인비는 터키를 가리켜 무엇이라고 했나요? 그 밖에도 터키를 지칭하는 다양한 애칭에 대해 이야기해 보세요.

책 속에서 진로 찾기

물음 3 저자는 정년퇴직 후 카메라를 메고 세계 방방곡곡을 다니며 세계여행 명소를 상세히 소개하고 있어요. 저자에게 세계여행전문가라는 직함을 드려도 될 정도입니다. 여행 하면 떠오르는 관련 직업에는 어떤 것이 있으며, 어떤 일을 하는지 정리해 보세요.

물음 4 만약 여러분이 관광통역안내사가 되어 한국인 관광객에게 터키의 관광지를 안내하게 되었다고 가정하고, 책에 나오는 터키 관광지 중한 곳을 정해 안내하는 글을 작성해 보세요.

책 밖에서 진로 찾기

물음 5 호텔리어가 만나는 많은 손님은 여행자들이에요. 여러분이 호텔리어라면 그들에게 어떤 서비스를 해 주고 싶은가요?

물음 6 호텔리어는 때로는 손님에게 가이드가 되어 드려야 하기도 하고, 때로는 여행 플래너 업무를 서비스로 제공하기도 해요. 터키에서 한국으로 온 신혼여행객을 위해 내일 하루 일정을 만들어 보세요.

물음 7 호텔에서 열리는 여행상품 설명회가 있어요. 터키와 한국의 대학생들을 위한 이번 설명회를 어떻게 기획할지 생각해 보고 정리해 보세요.

나진로 군, 호텔리어 구유회를 인터뷰하다

　　이번에 제가 만난 전문직업인은 『호텔리어 로랑의 시선』의 저자이신 그랜드 하얏트 호텔의 호텔리어 구유회님입니다.

나진로 : 선생님, 안녕하세요? 이번에 진로독서 활동하면서 선생님의 저서인 『호텔리어 로랑의 시선』을 재미있게 읽었습니다. 호텔과 호텔리어에 대한 생각을 말씀해 주시면 감사하겠습니다.

구유회님 : 예, 저는 그랜드 하얏트 호텔의 호텔리어로 근무하는 구유회라고 합니다. 호텔은 맛있는 음식, 음악, 멋진 사람들, 그것만이 이곳의 전부는 아닙니다. 무대 위 배우 수만큼이나 많은 역할이 이 호텔에 있습니다. 누구나 각자를 기억해 주면서 친절한 서비스를 해 주기 원하는 곳입니다. 또한 항상 변화하는 곳이 호텔입니다. 자연스럽게 호텔리어들도 그 변화에 적극적입니다. 저는 호텔과 호텔리어들은 그래서 변화에 민감한 감정 노동자가 아닐까 합니다.

나진로 : 선생님은 어떤 계기로 호텔리어가 되기로 결심하셨고, 준비하셨나요?

구유회님 : 저는 유치원 무렵에 큰누나가 서울의 한 호텔 뷔페에 데리고 가서 호텔을 처음 경험할 수 있게 되었는데 그곳은 천국이었습니다. 원하는 대로 마음껏 먹을 수 있는 음식이 수북하게 쌓여 있고, 황금빛 샹들리에, 아름다운 벽장식들은 집에선 도저히 볼 수 없는 물건이라 나의 온 시선을 빼앗았습니다. 정장을 입은 어른들이 친절하게 대해 준 기억까지 덤으로 안고 집으로 돌아간 나는 끙끙 앓았습니다. 그 이후로는 여건이 허락하는 한 호텔을 돌아다녀봤습니다. 고등학교 즈음에 호텔리어로 진로를 결정하였고, 호텔경영학과에 진학하여 1년 정도 공부를 하다 호텔에서 인턴에 지원하여 채용되어 지금의 제가 있게 되었습니다.

나진로 : 호텔리어로 일을 하면서 신나고 보람된 일들은 무엇이라 생각하십니까?

구유회님 : 하루에도 셀 수 없이 많은 손님을 만납니다. 호텔은 손님을 맞이하는 곳입니다. 특히 이 호텔에는 전 세계 각양각색의 사람들이 모이는 곳으로 이름만 대도 아실 만한 분들이 많이 다녀가셨습니다. 오랜 시간 이곳에서 일하다 보니 많은 친구들이 생겼고, 가끔은 가장 넓은 인맥을 가진 호텔

리어라는 과분한 찬사를 들을 때나 일상의 스트레스에 시달린 마음을 치유하고자 호텔을 찾는 고객들에게 탁월한 만족을 제공할 때 보람을 느낍니다.

나진로 : 그렇다면, 호텔리어로서 힘드셨던 점은 무엇입니까?

구유회님 : 호텔리어라는 직업은 긴 업무 시간과 잦은 야근, 울어야 하는 상황에서도 웃어야 하는 감정 노동까지 어려움이 많습니다. 집에 돌아오면 손 하나 까딱하기 힘들어 가족들과 제대로 된 대화 한마디 못 나누기 일쑤입니다. 가족들의 중대사에 늘 바쁘다는 핑계로 참석하지 못하고 심지어는 작은 누나가 병원에 입원한 것도 모르고 작은 누나의 죽음을 맞이해야 했고 다음 날 새벽 여느 때처럼 출근을 해야 했습니다. 그러한 상황 속에서도 직원들에게 상황을 알릴 심적인 여유도 없이, 그런 마음을 뒤로하고 무대에서 웃으며 일해야 했던 일과 같은 상황이 힘들었습니다.

나진로 : 아, 그러셨군요. 마음이 무척 아프셨겠네요. 그러면, 호텔리어를 꿈꾸는 후배들에게 하시고 싶은 말씀이 있으시다면 해 주시겠어요?

구유회님 : 무엇이든 크게 볼 줄 알고 마음에 새길 줄 알아야 합니다. 작은 곳은 때로 큰 곳으로 탈바꿈할 수 있고, 큰 곳 또한 영원히 큰 곳일 수는 없습니다. 내가 가고 싶은 길이라는 생각이 들거든 적극적으로 두드려야 하고, 두드려서 자신이 원하는 곳에 들어갔다면 눈앞의 어려움을 극복해 이겨 나갈 수 있어야 한다고 생각합니다. 성공한 사람들 중 그 누구도 힘든 일들을 겪지 않은 사람은 없습니다. 고난은 자신을 수련하는 과정의 한 부분이고 고난은 영원하지 않으며, 이겨 내고 노력하는 사람에게 기회란 찾아오게 마련입니다. 호텔리어를 꿈꾸는 이라면 항상 자부심과 긍지를 잃지 말아야 합니다. 자신의 감각적인 능력을 살리고, 개성을 표현하는 데 적극적이라면 분명 미래에 성공한 호텔리어가 될 수 있을 것입니다.

심지를 가슴에 새기고 꺼뜨리지 않는 젊은이가 되길 바랍니다. 바람이 불면 자신의 옷깃을 세워 보듬을 줄 알고, 비가 오면 다른 사람을 위해서도 넓은 우산을 펼 수 있는 사람은 절대로 불을 꺼뜨리지 않습니다. 소중한 것들을 지켜 나가야 값진 결과를 얻어낼 수 있고 그러기 위해서는 학습하고 배운 것을 실천하기를 주저하지 않아야 합니다.

나진로 : 값진 말씀이세요. 선생님의 말씀 가슴 깊이 새겨 인정받는 호텔리어가 되도록 할게요.

지금까지 호텔리어이며 『호텔리어 로랑의 시선』의 저자이신 구윤회님께 호텔리어에 대한 귀중한 이야기를 들었습니다. 감사합니다.

교수

진로독서 1 모리와 함께한 화요일

13쪽 **물음 1**

'Kick the Bucket'에서 나온 말로, 중세시대에 자살할 때 목에 밧줄을 감고 양동이를 발로 차 버리는 행위에서 전해졌습니다. 즉, 우리가 죽기 전에 꼭 해야 할 일이나 하고 싶은 일에 대한 리스트를 말합니다.

14쪽 **물음 2**

조선시대 이순신 장군, 영국 희곡 작가 버나드 쇼, 시인 천상병

나의 좌우명 쓰기 : 하쿠나 마타타(걱정하지 마. 다 잘될 거야.) – 라이언 킹 중에서

물음 3

이 책의 저자 미치 앨봄과 교수인 모리는 스승과 제자 관계입니다.

15쪽 **물음 4**

제목의 의미 : '모리와 함께한 화요일'은 '잊히고 있는 것들(추억)의 의미를 깨닫는 시간'이라는 의미입니다. 모리 교수는 시카고 대학교에서 그리고 1959년부터 브랜다이스 대학에서 사회학 강의를 시작해서 1994년 병으로 더 이상 강의를 할 수 없을 때까지 20년 전 제자인 미치를 화요일마다 만나서 자신의 삶과 인생에 대한 마지막 강의를 하였고 미치는 스승이었던 모리가 들려준 강의로 새로운 인생을 살고 있으며, 모리 교수와 함께한 실제의 이야기를 책으로 출간하여 감동을 주고 있습니다.

생애 마지막 프로젝트 : 모리 교수는 춤추기를 좋아하던 멋쟁이 신사였으나 60대에 천식으로 숨쉬기가 힘들어 춤추는 것을 더 이상 할 수 없었고 70대에 서서히 몸이 굳어 죽음에 이르는 루게릭병에 걸렸다는 것을 알게 되었고, 자신에게 다가오는 죽음을 받아들이기 위해서 죽음과 삶의 의미에 대해 토론하는 모임을 만들었고 그는 생애 마지막 프로젝트로 '살아있는 장례식'을 거행하였고 이를 계기로 미치와 화요일마다 인생의 의미라는 주제로 생의 마지막 강의를 하였습니다.

물음 5

1. ○ 2. × 3. ○ 4. ○ 5. ○

16쪽 **물음 6**

〈목차〉
제1부 한국어학의 이론

제2부 한국어학의 실제

제1장 '과대표'와 '꽈대표'_된소리와 표기법

제2장 '개고기'와 '게고기'_한국어 모음체계의 변화

제3장 '등굣길'과 '진달래길'_사잇소리현상의 문제점

제4장 "나는 결점이 없는 사람이 아닙니다……"

　　　　_심리적 태도를 나타내는 표현

제5장 '들어간다, 문제'_한국어의 구조적 특징과 한국인의 의식

제6장 '날 물로 보지마'_광고전략으로서의 중의성

제7장 '웃음'은 왜 일어날까_대화격률과 함축

제8장 연개소문과 김춘추가 만났을 때 통역이 필요했을까?_한국어의 계통

제9장 채팅문자에 표정을 넣고 싶어_통신언어의 다양성

제10장 왜 '모루'와 '달' 그리고 '재'가 다 '산'이지?_지명어에 새겨진 고대 한국어의 흔적

제11장 天·地·人의 조화_세계 속의 한글

제12장 국어학의 세계화_외국어로서의 한국어교육

제13장 '알맞은'과 '알맞는'의 차이_한글맞춤법 속의 언어규칙

강의 제목	강의의 주요 내용 (강의안 또는 목차)	강의 듣고 새롭게 알게 된 내용 (느낀 점)
한국어학의 이해	국어의 음운, 문법, 형태, 어원, 방언, 역사, 은어, 정보통신어 등의 모습을 실제의 사례를 통해 흥미롭게 소개한 책입니다.	실생활 속에서 쓰고 있는 정보통신어, 존댓말과 비속어의 의미, 방언의 의미를 통해 우리말의 옛 모습도 알게 되었습니다.

진로독서 2 송인섭 교수의 공부는 전략이다

17쪽 물음 1

〈왜! 공부하냐구요〉라는 동영상을 보고 장애우가 애쓰며 먼 거리를 공부하러 다니는 것이 자신의 삶이며 즐거움이라고 말하는 것에서 나도 공부를 즐거운 마음으로 열심히 해야겠다고 다짐했습니다.

18쪽 물음 2

활동1)과 활동2)의 심리 테스트는 자신이 인생에서 중요하게 생각하는 가치를 묻는 질문입니다.

활동1)에서는 가장 나중에 버리는 것이 인생에서 가장 중요하게 생각하는 가치랍니다. 사자-자존심, 원숭이-친구, 양-사랑, 말-가족, 소-일, 직업을 상징합니다.

활동2)는 가장 먼저 하는 활동이 이성을 택할 때 가장 중요하게 생각하는 가치이지요.

수돗물 잠그기-돈, 전화 받기-이성의 성격, 아이 우유 주기-가족, 현관문 열어 주기-이성의 외

모, 빨래 걷기-이성의 매력을 상징합니다.

물음 3

학생들이 가장 몰입하는 시간은 자신이 좋아하고, 흥미 있는 일을 할 때로 공부의 주도권이 학생에게 있는 학습법입니다.

물음 4

성공한 일	실패한 일
1. 초등학교 글짓기대회에서 상 받은 일	1. 음악 수행평가에서 악기 연주 못한 일
2. 처음으로 학급 반장을 한 일	2. 친구와 오해로 헤어진 일
3. 교내 장기자랑에서 수상을 한 것	3. 다이어트 실패한 일
4. 교내 축제에서 공연한 것	4. 엄마 몰래 성적표 감춘 일
5. 용돈 모아서 갖고 싶던 신발 산 일	5. 체육대회 선수로 나가서 진 일

물음 5

1. 수학 수행평가 만점 맞기
2. 외국인과 영어로 대화하기
3. 선생님에게 고민을 털어놓을 정도로 친해지기
4. 친구들이나 부모님에게 하고 싶은 말 자신감 있게 말하기
5. 고전소설 읽기와 속담. 고사 성어 외우기

물음 6

동영상 〈노교수의 인생사 강의〉⇒ 플라스틱 통(인생) / 탁구공(가족, 건강, 친구), 자갈(일과 취미), 모래(자질구레한 일), 홍차(삶의 여유)

- 플라스틱 통 – 교수가 되고 싶은 꿈
- 탁구공 – 가족과 함께하는 시간 갖기(한 끼는 같이 밥 먹기), 운동하기, 친구와 카톡 하기
- 자갈 – 토익과 일본어 회화 자격증 따기. 한국사능력 시험 통과하기, 독서왕 되기
- 모래 – 운동하기, 하루 스케줄 계획대로 지키기, 좋아하는 프로그램 시청하기, 세 줄 일기 쓰기, 자기주도 학습 다이어리 작성하기
- 홍차 – 책 읽기와 영화 보기, 책과 영화 속 장소 여행하기

느낀 점 : '노교수의 인생사 강의'를 읽고 인생을 사는 데는 할 일에 대해 순서를 지키는 것이 중요하다는 것을 깨달았습니다. 내 삶의 목표, 중요한 일, 급하지 않지만 중요한 일, 중요하지 않지만 급하게 할 일, 마음의 휴식을 주는 일 등을 구분하는 것입니다.

진로독서 3   EBS 다큐멘터리 최고의 교수

물음 1

10, 비정년트랙 (시간강사), 석좌

물음 2

사물이나 현상의 핵심을 잘 파악하는 능력 ↔ 통찰력

새롭고 뛰어난 생각을 해내는 능력 ↔ 창의력

다양한 지식을 받아들이고 생각하는 능력 ↔ 다중지능

전달하고자 하는 생각을 잘 표현하고 설득하는 능력 ↔ 언변력

물음 3

강의준비, 열정, 질문, 소통

물음 4

• (딜레마) (토론수업) (정의란 무엇인가?)

• (교수), (5개). (학생), (다른 학생)

• (버라이어티 쇼), (MTV 리얼리티쇼) 시청하기, (무솔리니 복장)

• (몽클레어 주립대 역사학과 켄베인)

• (과학)

• (환자)

• (뇌)

• (질문하는)

• (소크라테스식)

물음 5

1. ○ 2. × 3. × 4. ○ 5. ○

물음 6

가고 싶은 대학교와 학과, 대학부설 연구소 : 고려대학교(인문계열)는 민족문화연구소가 있으며, 경희대학교(한의대, 국어국문학과)가 알려져 있고, 단국대학교(국어국문학, 역사학과 인문학계열)는 동양학연구소, 석주선박물관이 있고, 동국대학교(연극영화학과), 서강대학교(정치외교학과, 경제학과, 인문사회계열학과), 성균관대학교(국학, 문헌정보학), 서울대학교(비교언어학과, 고고인류학, 음대계열), 서울산업대학교(공학계열, 경상계열), 숭실대학교(컴퓨터공학계열), 중앙대학교(의대, 연극영화과, 문예창작과, 음대계열), 가톨릭(의대), 카이스트 대(IT창업, 로봇공학), 이화여대(인문계열, 사회학과계열), 한양대학교(건축학과, 공학계열), 홍익대학교(미술대, 광고홍보학과)의 학과가 알려져 있습니다.(대학은 가, 나, 다 순서이며, 대학교별로 유명한 교수나 출신학생에 따라 많이 알려진 학과나 대학부설 연구소를 소개한 것으로 절대적인 기준은 아니라는 점을 참고하세요.)

물음 7

윌 헌팅 – MIT공대의 청소부이며 가난한 가정에서 상처를 입고 자랐으며 수학에 천재적인 재능이 있는 인물

숀 – 심리학과 교수로 아내와 사별한 상처를 가진 인물이며 윌 헌팅의 천재성과 상처를 보듬

고 행복하게 살아가는 법을 조언하는 멘토인 인물

램보 교수 – 수학의 천재적인 교수로 월 헌팅의 재능을 알아보고 도와주는 인물

- 가장 인상적인 장면 – '월'과 상담을 맡아 준 '숀 맥과이어 교수'와 대화하는 장면입니다. 수학에 천재적인 재능을 가진 '월 헌팅'은 가난하고 아버지에게 학대당했던 아픈 상처를 가지고 있어 다른 사람과 교류하지 못하는 반항심을 가지고 있으나 천재수학자인 '숀 맥과이어' 교수를 만나면서 병으로 아내와 사별한 마음의 상처를 가진 숀의 진심어린 조언을 들으며, 자신을 사랑하는 사람들과 일상의 소중함을 느끼면서 점차 마음을 엽니다. 영화 속 '숀 맥과이어' 교수는 천재적인 재능을 발견하고 능력을 키워 줄 뿐만 아니라 행복한 삶을 살아갈 수 있는 길로 이끌어 주는 조언자이며 멘토입니다.

- 내가 좋아하는 교수는 어떤 사람 – 내가 좋아하는 교수는 숀 교수로 아내와의 사별로 받은 상처를 스스로 극복하며, 불안정하고 자신의 처지에 분노하는 월 헌팅의 재능을 인정해 주면서도 월의 상처를 치유할 수 있도록 진심으로 조언을 해 주는 인생의 멘토의 역할을 해 주는 점이 진정한 스승이라고 느껴졌고 숀이 아내와의 일을 회상하면서 월과 대화하는 장면이 인상적이었으며 감동적이었습니다.

의사

진로독서 1 궁금해요! 의사가 사는 세상

31쪽 물음 1

저자 서홍관 선생님은 서울대학교 의과대학에서 의학박사 학위를 받았습니다. 인제의대 가정의학과 주임교수를 거쳐 현재 국립암센터 암 예방 검사 의사로 일합니다. 의사로서의 사명감을 가지고 끊임없는 연구와 진료에 전념하고 있습니다. 이외에도 1985년에 창작과 비평사를 통해 시인으로 등단하셨으며, 지은 책으로 『전염병을 물리친 빠스뙤르』, 『장기려 전기』, 『이 세상에 의사로 태어나』, 『히포크라테스』, 『미래의 의사들에게』, 시집으로 『어여쁜 꽃씨 하나』, 『지금은 깊은 밤인가』 등이 있습니다. 현재 한국금연운동협의회 이사 겸 대한금연학회 부회장으로 활동하고 있습니다. 이처럼 의사의 일을 하면서 다양한 활동을 할 수 있습니다. 예를 들면 병원 임상의사 이외의 분야로 의대 교수, 의학 전문기자, 법의학자, 군의관, 보건소·국립과학수사연구원, 법무부 의무직 공무원, 작가 등의 일을 할 수 있습니다.

32쪽 물음 2

직접 인터뷰 계획을 세워 병·의원을 방문하거나 전화, 편지 또는 메일로 서신을 보내 인터뷰를 요청할 것입니다. 의사에 대한 모든 궁금한 사항들을 사전에 미리 체크하고, 문항도 준비합니다. 의사는 무엇을 하며, 어떠한 직업의식을 가지고 삶의 가치를 어디에 두는가에 대한 질문도 준비합니다.

물음 3

사람의 생명을 지키는 일에 사명감을 가지며, 아픈 사람의 불만과 고통을 모두 들어주고, 도움을 필요로 하는 사람들을 위해 봉사와 희생정신을 발휘합니다. 즉 환자의 말에 귀 기울여 줄 수 있는 친구, 선배, 가족과도 같은 존재입니다.

물음 4

장기려 선생님입니다. 자신만을 생각하지 않고 오직 아픈 사람들의 처지와 상황까지 고려하고 모든 진료를 봉사와 희생정신으로 도맡아 하셨기 때문입니다. 치료비가 없어 진료나 치료를 못 받는 사람들이 병원을 찾아올 때도 그들을 위해 적극적으로 도왔습니다. 그리고 병원 운영이 힘들어진 상황에서도 장기려 박사는 진료비가 없어 하소연하는 환자에게조차 밤에 조용히 도망칠 것을 알려 주기도 했습니다. 또한 1977년 우리나라 의료보험제도를 도입할 때 청십자 의료보험제도를 많이 참고했다고 합니다. 이는 외국에서 시행되었던 의료보험조합을 참고로 1968년 5월에 우리나라 최초의 의료보험조합인 '청십자의료협동조합'을 만들어 우리나라 의료제도의 발전에 큰 기여를 했습니다.

물음 5

저는 의학 드라마 중 브레인, 골든타임, 굿 닥터를 시청했습니다. 의사는 한결같이 환자를 위하고, 웃음을 주며, 환자의 입장에서 생각하는 의사가 진정한 의사라고 생각합니다. TV상에서 비춰진 의사 선생님들의 의지, 환자의 생명보호를 위해 노력하는 장면들이 잊히지 않습니다. 결국 의사도 사람이며, 정해진 휴식 시간 없이 연속적인 과도한 업무량으로 어려움이 많다는 것도 알았습니다. 하지만 그 속에서 예나 지금이나 사람의 생명을 구하는 존귀한 일을 하여 환자들의 존경을 받는다는 점은 변함이 없습니다.

33쪽 **물음 6**

의사의 하루는 오전 8시부터 시작하여 오후 5시까지 분주하게 이루어집니다. 현대의학의 필수요소라 할 수 있는 컨퍼런스는 무엇보다도 중요합니다. 즉, 한 사람이 모든 분야를 다 알기에는 어려움이 있기 때문에 토론과 발표는 그 중요성이 크다고 할 수 있습니다. 그리고 동료들과 환자와 진료에 대한 화제로 대화를 나누기도 합니다. 평균 9시부터는 환자를 진료하는 중요한 시간입니다. 진단을 위해 환자의 이야기를 듣고, 치료 계획과 방침을 확인 결정하고, 검사를 시행하며 환자는 물론 그 가족들이 궁금해하는 질문에 대한 답변을 해 주기도 합니다. 또한 현대인들의 바쁜 업무로 병원 방문이 어려운 경우에는 〈전화 상담〉 및 결과를 통보하여 조치하도록 합니다. 이외에도 강의, 진료회의, 실험, 응급수술 등 병원 하루의 일과는 분주하게 돌아갑니다.

물음 7

의학 전문 관련 전공 서적이나 의학 및 치의학 사전, 인체 해부학 사전 등을 활용합니다. 의학 관련 동영상 자료를 시청하거나 인터넷 자료 검색 등으로 다양한 의학정보를 수집·정리합니다.

수술이 시작되기 전 환자에게 마취를 하게 됩니다. 마취에는 전신 마취, 국소 마취가 있습니다. 마취는 마취 전문의가 환자에게 가장 좋은 마취법을 선택하여 진행합니다.

의사는 다루기 어려운 환자 수술의 경우는 심리적 부담과 스트레스를 많이 받게 됩니다. 하지만 자신이 가지고 있는 의료지식과 경험을 바탕으로 환자의 생명을 연장하려는 마음자세가 중요합니다. 다시 말해, 최고의 치료계획과 방법을 선택하여 수술이 진행되도록 의사 자신의 확고한 태도가 있어야 합니다. 또한 수술에 함께 참여한 의사 선생님의 도움이 잘 이루어질 때 결과도 좋을 것입니다.

수술시 필요한 도구에는 수술용 모자, 가운, 바지, 덧신, 마스크, 보안경, 장갑, 집게, 봉합 바늘과 실, 외과용 거즈, 수술용 스테이플러, 메스, 당김기, 기타 수술 약품 등이 사용됩니다. 이처럼 상황에 따라 여러 가지 기구나 장비, 약품 등을 사용합니다.

• 전신 마취 : 환자에게 마취제를 투여해서 의식과 감각을 없애는 마취 방법.
• 국소 마취 : 환자가 의식을 잃지 않는 상태에서 수술하려는 부위만 마취하는 방법.

진로독서 2 나는 의사다

34쪽 물음 1

누군가는 "의료 현장에서 〈환자 기록지〉를 제대로 작성하지 않는 행위는 환자를 두 번 죽이는 것과 같다."고 말했습니다. 즉, 환자의 치료 행위를 거짓으로 작성하거나 허위 보고를 해서는 절대적으로 안 됩니다. 그 서류에 작성된 하나의 거짓 정보로 인하여 엄청난 상황과 결과를 발생시킬 수 있기 때문입니다. 그러므로 의학에서의 진료기록은 픽션이 아닌 논픽션인 것입니다.

35쪽 물음 2

환자와 의사와의 비밀 유지는 무엇보다도 중요합니다. '의사-환자 관계'의 신뢰 부분은 강조해도 지나치지 않습니다. 환자의 비밀을 지키는 것은 개인윤리와 직업 윤리적 측면에 해당합니다. 따라서 어떠한 상황에서도 환자의 비밀 보장은 최우선되어야 합니다. 개인의 신상에 피해를 주는 내용은 물론이고, 밝히고 싶지 않은 부분에 대해서도 절대적 비밀을 보장하고 누설하지 않아야 합니다.

물음 3

의사의 윤리적 의무는 명확할 때도 있지만 그렇지 않을 경우도 있습니다. 의사에게 윤리란 환자의 생명을 지킨다는 투철한 사명감입니다. 정확한 판단과 빠른 조치, 논리적인 분석력이 뒤따르며 무엇보다 책임감과 성실함 등 세심하게 환자를 보살피는 것이 가장 중요합니다. 또한 사랑과 봉사의 정신이 필요합니다. 의사는 이윤 추구에만 매진해서는 안 됩니다.

외과의사의 〈첫 번째 이야기〉에서 의사는 19세 청년 지미 환자의 농흉을 발견하고 고름 덩어리를 절개하는 상황이 있었습니다. 시술 과정에서 마치 심한 악취인 똥냄새와 유사한 똥덩어리 같은 것들이 나왔을 때 의사는 당황하기도 했고, 그 부위에만 신경을 쓴 나머지 다른 부위의 염증을 발견하지 못한 자신의 소홀함을 반성하는 부분이 기억납니다. 더 나은 치료 방법을 고심하는 부분에서 의사의 본분을 잃지 않았습니다. 이렇게 의사는 여러 방면으로 많은 지식을 알아야 한다는 생각과 함께 경험이 중요하다는 사실들을 깨달았습니다. 환자의 고통을 꿰뚫어 볼 수 있는 능력과 병을 치료할 수 있는 많은 지식도 겸비해야 함을 다시 한 번 느꼈습니다.

36쪽 물음 5

다음은 〈히포크라테스 선서〉의 내용입니다.

이제 의업에 종사할 허락을 받음에 나의 생애를 인류 봉사에 바칠 것을 엄숙히 서약하노라.

•나의 생애를 인류 봉사에 바칠 것을 엄숙히 서약하노라.

•나의 은사에 대하여 존경과 감사를 드리겠노라.

•나의 양심과 위엄으로써 의술을 베풀겠노라.

•나는 환자의 건강과 생명을 첫째로 생각하겠노라.

•나는 환자가 알려 준 모든 내정의 비밀을 지키겠노라.

•나는 의업의 고귀한 전통과 명예를 유지하겠노라.

•나는 동업자를 형제처럼 여기겠노라.

•나는 인종, 종교, 국적, 정당 정파 또는 사회적 지위 여하를 초월하여 오직 환자에 대한 나의 의무를 지키겠노라.

•나는 인간의 생명을 수태된 때로부터 지상의 것으로 존중하겠노라.

•나는 비록 위협을 당할지라도 나의 지식을 인도에 어긋나게 쓰지 않겠노라.

이상의 서약을 나는 나의 자유의사로 나의 명예를 받들어 하노라.

히포크라테스는 역사상 가장 유명한 의사였습니다. 그러나 고대의 여러 인물과 마찬가지로 그의 생애에 관해서는 알려진 바가 많지 않습니다. 히포크라테스는 BC 460년에 그리스의 코스 섬(현재는 터키 남서부 연안에 위치한 그리스 영토)에서 태어났습니다. 그의 집안은 대대로 의술에 종사했고, 족보를 거슬러 올라가면 전설 속의 명의 아스클레피오스까지 도달한다는 이야기가 전합니다. 호메로스의 서사시에도 언급된 바 있는 아스클레피오스는 당대 최고의 의사로 명성을 떨쳤으며, 후대에 가서는 아폴론의 아들이며 의술의 신으로까지 격상된 인물입니다. 따라서 의사 히포크라테스가 의신 아스클레피오스의 후예라는 것은 제법 그럴듯하기는 하지만, 뚜렷한 근거가 있는 주장까지는 아닙니다. 당시의 의사는 지금처럼 엄격한 자격요건이 필요하지 않았습니다. 주로 히포크라테스처럼 대대로 의술에 종사한 가문에서 전수되는 의학 지식을 물려받은 사람들이 의사가 되었으며, 대개는 한곳에 머무는 것이 아니라 각지를 편력하며 의술을 펼쳤습니다.

※ 학생들의 다양한 의견과 생각을 빈칸에 작성하도록 합니다.

찬 성	반 대
인간이 존엄하게 죽을 권리를 인정해야 한다.	인간에게 주어진 생명을 타인이 관여한다는 것은 살인이다.
인간의 존엄성은 사고하고 의사를 소통할 수 있을 때이다. 의식불명으로 인공 호흡 장치에 의해 생명을 연장하는 것은 환자와 더불어 가족에게도 고통을 주기 때문에 환자의 의사를 반영해 인간답게 죽을 권리를 인정해 주어야 한다.	오랜 뇌사상태로 의식이 없던 할머니를 오랫동안 간호하며 어려움을 겪던 가족의 요청으로 인공호흡기를 제거했음에도 한 달 이상을 자연호흡으로 생존했는데 이것은 의사표현을 하지 못해도 생명을 유지하고자 하는 의지이며, 그러한 생명을 인위적으로 끊는 일은 범죄이다.

37쪽   물음 7

제가 중학교 2학년 때 심한 감기몸살 증상으로 인하여 동네 내과의원에 가서 진료를 받은 적이 있습니다. 그 원장 선생님은 흉부외과 전문의라고 들었습니다. 동네 작은 의원이었지만 모든 환자들의 병이 빨리 완쾌되고 정상적인 생활이 가능해질 때까지 친절히 치료를 해 주셨습니다. 정확한 진단과 함께 병원의 서비스가 좋아 소문도 나고 우수한 평을 받은 곳이어서 환자는 늘 많았습니다. 저는 의사라는 직업에 관심이 많아 직접 인터뷰를 할 계획으로 사전 조사를 열심히 하였습니다. 다양한 전공 분야들이 많았고, 〈흉부외과〉라는 분야는 힘들겠다는 생각이 들었습니다. 하지만 위험한 수술과 시술이 많다는 어려움에도 불구하고 의사의 손에 의해 생명의 연장과 큰일을 할 수 있다는 부분에 감동을 받았습니다. 사실 저는 피만 보아도 겁이 나는데 흉부외과 선생님들은 특히 더욱 대단하다는 생각이 들었습니다. 이렇게 흉부외과에 관심을 가지며, 병원 체험 봉사를 신청하게 되었습니다. 진료와 치료에 방해가 되지 않는 범위에서 기록하고 검토하면서 의학의 신비로움에 차츰 빠져들기 시작했습니다. 원장님께서는 한 달에 한 번 의료봉사를 가셨습니다. 저는 기회가 될 때 의료봉사에 함께 참여하겠다고 원장님께 말씀드렸더니 순순히 허락해 주셨습니다. 봉사활동에 참여하는 동안 의사란 직업은 힘들겠다는 생각이 자꾸 머리에 맴돌았지만, 진정한 봉사의 의미를 알게 되면서 제 마음과 생각은 달라지기 시작했습니다. 의대 진학을 꿈꾸며 앞으로 제 자신이 해야 할 일들을 생각해 봤습니다. 학교 봉사 활동과 의학 정보와 관련된 책들을 많이 볼 것입니다. 또 학교 토론 동아리 활동을 통해 발표 능력도 향상시키고, 제 진로를 위해 지금부터 차근차근 준비해 갈 것입니다. 미래의 흉부외과 의사 제 이름 ○○○을 기억하는 날이 오기를 생각해 보면 벌써부터 설렙니다.

38쪽   **물음 1**

'모든 것을 가난한 이웃에게 베풀고, 자기를 위해서는 아무것도 남겨놓지 않은 선량한 부산 시민' 이 정도면 누구인지 여러분은 알고 있겠죠? '의사, 크리스천, 이곳 모란공원에 잠들다.' 바로 의사 〈장기려〉 선생님의 묘비명입니다. 의사는 결코 하얀 가운을 입었다고 멋있는 것이 아닙니다. 환자를 위해 애쓰고, 노력하며 때론 하얀 가운이 더러운 가운이 될 수도 있습니다. 그렇지만 의사 자신은 자신의 색깔이 있고 항상 청결에 힘쓰고 깨끗한 이미지가 의사의 매력 이기도 합니다. 저는 남자인데 개인적으로 파란색을 좋아하다 보니 파란색 가운이 잘 어울리 지 않을까요!

39쪽   **물음 2**

인턴 : 1년 동안, 보통 한 달을 단위로 소속된 과를 바꿔 다니면서 일합니다. 그래서 인턴 (Intern)이란 이름 자체가 병원 안에서(in) 뱅뱅 돌며(turn) 일하는 사람이란 이야기도 있습니다. 레지던트 : 레지던트(Resident)란 이름은 각 과에 거주하는 사람이란 뜻으로 해석하기도 합니다.

물음 3

1) 전문 인력으로 성장하고 싶기 때문에
2) 사회에 봉사할 수 있는 일을 하고 싶어서
3) 주변인들이 의사가 돼야 성공할 수 있다고 권유해서
4) 선택한 학부에서는 충분히 성공할 수 있을 것 같아서
5) 새로운 목표와 도전이 있어서
6) 부모님이 의사여서
7) 기타

물음 4

의사가 되는 길은 결코 쉬운 일이 아니며, 멀고 고달플 수 있습니다. 무엇보다 생명을 귀하게 여기는 마음가짐으로 공부는 시작되어야 합니다. 의대에 진학하기 위해서는 일단 학교 성적이 뛰어나야 하는 것은 누구나가 다 알고 있습니다. 만약, 성적이 좋지 않더라도 내가 왜 의사가 되어야 하는지 뚜렷한 목표를 세우는 것이 중요합니다. 성적을 상위권으로 유지해야 의과대학 에 진학할 수 있으므로 꾸준히 성적을 잘 관리 유지해야 합니다. 그리고 과학 동아리 활동이 나 의료봉사활동의 참여도 필요합니다. 또 다양한 의학 관련 프로그램 시청과 독서활동으로 의사 관련 도서를 꾸준히 읽는 습관도 중요합니다. 그 외에도 포트폴리오 관리와 자기소개서 를 잘 작성하는 것입니다. 의과대학에 합격하면 6년을 공부하고 의사국가고시에 합격해야 합니다. 그러나 시험에 불합격하게 되면 재시험에 응시해야 하고, 의대에서 요구하는 성적이 적정 수준에 미치지 못하면 유급을 당하기도 하므로 더 많은 노력과 최선을 다해야 합니다.

의과대학, 치과대학을 졸업했다고 하여 바로 의사가 되었다고 할 수 없습니다. 우리나라에서는 1952년부터 '전문의 제도'를 시행하고 있습니다. 전문의는 국가고시에 합격하여 의사, 치과의사 면허를 취득하고, 지정 수련 병원에서 1년간 인턴과정을 이수해야 합니다. 그리고 수련병원에서 4년간 레지던트 수련 과정을 수료해야 합니다. 단, 가정의학과 전공과 치과전공은 3년입니다. 전공의(수련의)는 수련 병원, 기관에서 전문의 자격을 받기 위해 수련해야 합니다. 전공의에는 인턴과 레지던트가 있습니다. 인턴은 의사 면허를 받고 수련 병원에 전속되어 임상 각 과목의 실기를 익히는 의사입니다. 구체적인 과를 정하지 않고 여러 과를 돌면서 수련을 받습니다. 레지던트는 인턴 과정을 이수했거나 이와 동등한 자격이 있는 사람이 수련 병원이나 수련기관에 전속되어 수련을 받는 의사입니다. 전문 과목 중 1과목을 선택해서 그 과의 전문 수련 과정을 거칩니다. 전공의는 수련 병원장과 수련 기관장이 공개 경쟁시험을 통해 선발하고, 전문의 자격시험은 보건복지부의 위임을 받아 대한의학협회가 주관하여 시행합니다.

40쪽 물음 5

상관은 없습니다. 그러나 의사로서 수술은 언젠가는 접하게 됩니다. 누구나 사람은 처음부터 잘하는 사람은 없습니다. 많은 실습과 경험 등을 통하여 익숙해지는 것입니다. 그렇기 때문에 해부에 자신이 없다 하여 결코 의사가 되지 못하는 경우는 없습니다. 의대 6년 기간 동안 여러 경험을 통하여 해부나 임상 시술, 의료 기술 등이 발전하는 것입니다. 노력 없이 이루어지는 것은 없듯이 많은 노력이 요구됩니다. 또한 의사가 하는 일들도 매우 다양합니다. 환자를 보기 싫다면 현미경만 보는 의사로, 아니면 필름만 보는 의사가 될 수 있습니다. 이외에도 수학을 좋아하면 의학통계학을, 사회학에 관심이 많다면 의료 제도에, 역사나 윤리 철학에 관심이 있다면 의사학·의료윤리 분야에, 경영에 관심이 많다면 병원 경영에, 공학에 관심이 많다면 의료 현장에서 사용하는 의료기기를 다루는 의공학 분야에서 일할 수 있습니다. 따라서 얼마든지 자신의 능력과 소질에 따라 할 수 있는 일들이 많습니다.

물음 6

엄살을 피우는 환자는 언제든 있기 마련입니다. 그렇다고 해서 그런 환자를 막 대하거나 치료에 소홀해서는 안 되는 사람이 바로 의사입니다. 그렇기 때문에 정확한 치료방법과 정상적인 의료서비스로 환자를 보살펴야 합니다. 그렇지만 환자는 자신의 병명에 대해 거짓에 거짓을 거듭하게 된다면 옳지 못한 행동입니다. 따라서 환자와 의사와의 관계는 서로 존중하고 존중받아야 하는 것입니다.

물음 7

의사마다 각각 다릅니다. 예를 들어 종합병원의 경우에는 아침 8시부터 오후 6시까지 근무합니다. 오후 6시가 되었어도 환자들의 상황에 따라 남아서 업무를 보는 선생님들도 많습니다. 개업한 의사의 경우에는 지역 사정에 따라서 저녁 8~9시까지도 일을 하기도 합니다. 응급실의 경우는 매우 분주하게 돌아갑니다. 언제 어디서 응급환자가 발생할지 모르고 응급실 안에서 신속한 응급처치와 상황 전개가 이뤄져야 하기 때문입니다. 신속한 응급처치와 대처에 따라 환자의 운명이 결정되는 것은 응급실 상황에서 좌우됩니다. 응급 환자 발생 시 응급실 선생님들은 언제나 대기조처럼 초긴장 상태로 수면이 부족할 수밖에 없다고 합니다. 이분들의 노력이 빛을 발할 때 의사라는 직업은 더욱 위대합니다.

41쪽 　**물음 8**

저는 처음에는 쉽지 않겠지만 소속된 병원에서 선배님들의 말에 잘 귀 기울이고, 힘든 상황에서도 긍정적으로 생각할 것입니다. 어차피 힘든 상황은 저뿐만 아니라 동료들도 같이 힘들 것이기 때문입니다. 결국 힘든 상황도 시간이 지나면 지나갈 것이고, 끝까지 할 일이라면 그 순간 또한 즐길 것입니다. 먼 훗날 멋진 의사가 돼 있을 저 자신을 한 번 떠올려 보면서 하루하루의 즐거움과 슬픔, 힘든 상황들을 극복해 나갈 것입니다.

　물음 9

진단검사의학과, 영상의학과(X-ray, CT, MRI, 초음파), 핵의학과, 방사선 종양학과, 병리학, 해부학·발생학, 조직학, 생리학, 생화학, 약리학, 미생물학, 기생충학, 내과, 소아과, 정신과, 외과, 산부인과, 신경외과, 흉부외과, 정형외과, 신경과, 피부과, 재활의학과, 가정의학과, 응급의학과, 마취과, 비뇨기과, 성형외과, 안과, 이비인후과, 치의학과 등.

※ 자신에게 필요한 많은 정보들을 찾아 조사하고 EBS〈명의〉동영상을 시청하거나 참고하도록 지도해 주세요.

경찰관

　진로독서 1　　**노빈손 경찰특공대에 가다**

47쪽 　**물음 1**

21세기 가장 큰 테러 사건인 9·11테러사건이 떠오릅니다. 9·11테러는 2001년 9월 11일 일어난 항공기 납치 자살 테러로, 미국 뉴욕의 110층짜리 세계무역센터(WTC) 쌍둥이 빌딩이 무너지고, 워싱턴의 국방부 청사(펜타곤)가 공격을 받은 대참사를 말합니다. 90여 개국 2,800～3,500여 명의 무고한 사람이 생명을 잃었으며, 사우디아라비아 출신의 국제 테러리스트인 오사마 빈 라덴과 그의 추종 조직인 알카에다를 소탕하기 위해 아프가니스탄 전쟁이 일어났습니다. 테러 용의자를 발견 시에는 국번 없이 112(경찰 신고센터)나 111(국정원) 등에 신고해야 합니다.

48쪽 　**물음 2**

교통경찰 : 교통 정체 관리 및 교통 정보를 신속히 알리고 교통 단속을 통해 교통안전을 지킵니다.

수사경찰 : 강도, 절도 등 강력 범죄를 수사하고 단속하여 안전한 생활을 할 수 있도록 합니다.

활동1 : 그 목격자의 말에는 한 가지 오류가 있습니다. 이 목격자는 문을 열고 달아나는 범인의 모습을 보았다고 했는데 그렇다면 범인의 뒷모습을 보았을 것이고, 그런데 범인의 넥타이는 어떻게 보았을까? 그러므로 목격자는 거짓말을 하고 있는 것입니다.

활동2 : 다잉메시지를 90도 회전해 보면 '비빔밥'이 되므로 범인은 비빔밥집 사장입니다.

49쪽 물음 4

1. ○ 2. ○ 3. × 4. × 5. ○

물음 5

표적 건물 내의 음성을 송·수신 레이저를 이용해 유리창 진동으로 원거리에서도 감지, 도청할 수 있는 '레이저 도청기'가 인상적이었습니다. 주로 첩보 수집용인 이 장비는 범인의 대화 내용을 도청, 녹음할 수 있고 심리 상태 등 내부 상황을 관측해 작전 요원에게 즉각 전달하는 데 이용될 예정입니다. 탐지 범위는 반경 500m 이상, 작동 시간은 40시간 이상입니다.

물음 6

안중근 의사는 테러리스트라 할 수 없습니다. 당시는 대한제국과 일본 정부는 적국이었기에 전쟁의 일환으로 보아야 합니다. 또한 민간인을 대상으로 한 것이 아닌 조선 총독 이토 히로부미를 목표로 했다는 점 역시 다른 테러와 구별됩니다.

50쪽 물음 7

우리나라는 개인의 총기소유를 법적으로 엄격하게 규제하고 있다는 면에서 3D 프린터의 총기 제작 문제는 심각한 문제라고 생각합니다. 하지만 지금도 개인용 프린터에서 지폐를 스캔 복사할 수 있지만 위조지폐를 만드는 행위를 강력하게 규제하고 있을 뿐, 개인이 프린터를 소유하는 것을 규제하지 않는 것과 마찬가지로 3D 프린터의 개인 소유는 규제해서는 안 된다고 생각합니다.

물음 8

서해에서 이루어지는 중국 어선의 불법 조업을 단속하는 해경들이 손도끼 등의 흉기로 인해 생명을 잃는 일들이 일어났습니다. 그래서 가이드라인에 의거하여 위협사격 등 총기 사용을 적극적으로 허용한 결과 불법조업이 줄어드는 결과를 얻었습니다. 국민의 생명에 직접적으로 영향을 주기 때문에 총기사용은 조심해야 하는 일이나, 경찰의 생명을 위협할 수준의 강력범죄에 대해서는 엄정한 총기사용이 허용되어야 한다고 생각합니다.

진로독서 2 레 미제라블

51쪽 물음 1

영화나 드라마에서 나오는 경찰의 멋있는 모습을 보고 경찰이 되고 싶어졌어요. 영화 〈공공의 적〉에서 강철중 형사가 범죄자들을 끝까지 잡아내는 것을 보면서 저도 저런 경찰이 되고 싶다는 생각을 하게 됐습니다.

물음 2

불의를 참지 못해야 한다고 생각합니다. 우리 사회를 지탱하는 힘은 양심, 도덕 등이 있지만 마지막 보루인 법을 적용하는 것은 바로 경찰관입니다. 그렇기 때문에 누구보다 불의를 미워하고, 용서하지 못하는 사람이 훌륭한 경찰이라 생각합니다.

물음 3

미리엘 주교는 전과자라는 이유만으로 모두에게 박해를 받던 장발장에게 음식을 주고 친절히 대했습니다. 하지만 은그릇을 훔쳐 달아나다 잡혀온 장발장에게 미리엘 주교는 자신이 준 것이라고 하며 은촛대까지 주며 귓속말로 이야기합니다. "은촛대로 당신의 영혼을 사서 주님께 바칩니다." 자신의 친절에 배신한 장발장에 대해 범인이라며 화를 내거나 배신감을 느꼈을 수도 있으나, 미리엘 주교의 사랑으로 장발장이라는 사람을 다시 태어나게 한 것입니다.

물음 4

법의 준수를 정의라고 생각하는 자베르에게 가석방의 선서를 어기고 다른 신분으로 살아가는 장발장은 절대로 용서할 수 없는 범죄자일 뿐입니다. 하지만 자신의 정의에 대한 원칙이 장발장의 자비와 사랑에 무너지자 심하게 회의를 느끼고 결국 센 강에 투신하여 자살하게 됩니다.

53쪽 **물음 5**

장발장이 자신을 추격하는 자베르 경감에게 진범이 잡혔다는 이야기를 듣고 고뇌하는 장면이 가장 인상 깊었습니다. 장발장은 자신이 다시 감옥으로 들어갈 경우 어려움을 겪을 자신의 공장에서 일하는 사람들과 아직도 궁핍함에 시달려 도움의 손길이 필요한 시민들을 생각합니다. 하지만 자신을 신뢰해 준 미리엘 주교를 떠올리고 죄 없는 사람을 위해 법정에서 자백을 합니다.

이 장면을 읽으면서 강압과 회유로 거짓 자백을 한 경우가 우리 역사 속에서도 많다는 사실이 떠올랐습니다. 법을 집행하는 경찰관으로서 무죄추정의 원칙 등 형사소송법의 기본원칙을 꼭 지켜야 한다고 생각했습니다.

※한 줄 서평 : '사랑과 용서', '구원과 희망'으로 마음을 울리는 영혼의 서사시, 레 미제라블

물음 6

범죄자들을 사회로부터 격리시키는 것이 경찰의 임무이지만, 형벌을 다 마친 사람들이 사회에서 시민의 한 사람으로 살아가게 하는 것 역시 경찰의 역할이라고 할 수 있습니다.

전과자들의 재범률이 높다는 이유로 계속 그 사람들이 사회 속에서 평범하게 살 수 없도록 밀어붙이는 것이 아니라 항상 관심과 도움을 줌으로써 도와주어야 한다고 생각합니다.

진로독서 3   경찰관으로 성공하는 길

56쪽 **물음 1**

겉으로만 보면 간단해 보이는 사건이라고 해도, 복잡한 관계가 있는 경우가 많습니다. 경찰관

은 복잡한 관계 속에서 많은 사람들의 이해관계 등을 파악하여 진실을 찾아내는 것이 어려울 것이라 생각합니다.

57쪽 물음 2

경찰관으로서 기본적인 조건은 육체가 건강해야 한다는 점이라고 생각합니다. 그렇기 때문에 적절한 운동과 무술 등을 학생 때부터 익히는 것이 큰 도움이 될 것이라 생각합니다. 그리고 경찰관은 사회에서 일어나는 다양한 일들을 파악해야 하기 때문에 학교에서 배우는 교과학습 내용을 잘 이해하는 것 역시 필요한 일이라 생각합니다.

물음 3

범죄분석요원은 프로파일러라고도 불리는데 범행현장에 남겨진 여러 흔적을 모아 범인의 성격, 직업, 행동 패턴 등을 추론하는 수사기법을 담당하는 경찰관을 말합니다. 이들은 사건 현장에서 범죄자가 어떻게 범행을 준비했는지, 어떻게 범죄를 저질렀는지, 범죄 후 증거는 어떻게 없앴는지, 일련의 범죄과정을 분석하여 범죄를 추론하는 한편 피의자가 범행을 부인하면 심리전을 펼쳐 자백을 받아내기도 합니다.

물음 4

우리가 만나는 경찰의 모습은 거대한 빙산의 일부분이었다는 것을 알게 되었습니다. 다양한 부서의 업무들, 그리고 계급, 롤모델 등에 대해서 자세히 알고 난 후 나는 내가 되고 싶은 경찰관의 모습을 그릴 수 있게 되었습니다.

물음 5

경찰활동 중 만나는 시민과의 관계에서도 대화로 시작해서 대화로 끝나게 되며 경찰조직의 내부 활동에서도 말로 자기표현을 해야 하는 때가 많기 때문에 말의 중요성을 이야기하고 있습니다. 그리고 그를 위한 방법 중에서 긍정의 말을 해야 한다는 것이 가장 인상 깊었습니다. 평소 긍정적이고 올바른 생각을 많이 하면 긍정적이고 올바른 말이 나오게 된다는 말을 명심하고 실천하고자 합니다.

58쪽 물음 6

사이버범죄 : 2014년 1월 8일 KB국민, 롯데, NH농협카드 3개사에서 1억 400만 건 고객 정보가 유출되었습니다. 개인 정보가 유출되면 불법 대포폰 개통, 명의 도용, 불법 스팸메일 발송, 보이스피싱 등 곧바로 금융 범죄로 이어질 수 있습니다.

대처방안 : 사이버범죄는 그 분야에 대한 전문적인 지식 없이 고전적인 방법으로는 수사할 수 없기에 그 분야의 스페셜리스트가 될 수 있도록 고급 인력을 유치하고 관리해야 합니다.

물음 7

현재도 학교에는 '배움터지킴이'라는 이름으로 퇴역 군인이나 경찰관들이 학교에서 상주하며 학교 폭력 등의 사건을 미연에 방지하고 있습니다. 학교 폭력 같은 문제는 학교 교칙으로만 다룰 경우 근절하는 것은 매우 어려운 일입니다. 때문에 학교 현장에서도 법적인 조치가 상시적으로 이루어질 수 있는 제도가 필요하다고 생각합니다.

진로독서 1 웨스트포인트처럼 하라

63쪽 물음 1

책 속에서는 옷차림이나 행동에서 많은 부분 군인이 신사가 되어야 한다고 말합니다. 상대를 배려하고 노약자를 배려하는 등의 행동을 몸에 익힐 수 있게 훈련을 하고, 깔끔하고 각이 진 옷차림을 위해 세탁이나 다림질도 직접 하거나 공동 작업을 하며 언제나 외출이나 행사가 있을 때는 깔끔한 군복을 착용하게 하기 때문입니다.

64쪽 물음 2

프레스턴 피시 : 이 작가는 미 육군 사관학교를 졸업하고 항공학교에 발령을 받아 공격용 헬리콥터를 조종했습니다. 주한 미군 시절에는 독수리부대에서 작전 보좌관을 역임했습니다. 그 이후로 다양한 군 생활을 하다 유명한 작전인 '드래건 스트라이크 작전'을 책임지기도 했으며 '파일런 홀딩컴퍼니'의 창립자이자 베스트셀러 작가로 유명합니다.

활용 : 이 책은 군인과 사관학교에 대한 지침서뿐 아니라 인성교육과 리더십 교육 자료로 활용되고 있습니다.

물음 3

1. × 2. × 3. ○ 4. ○ 5. ○ 6. ○ 7. ○

물음 4

새끼코끼리와 말뚝의 의미 : 새끼코끼리는 우리 자신을 의미하며, 말뚝은 자신의 의지를 방해하는 환경이나 상황이나 장애물 또는 나쁜 습관 등을 의미합니다.

나에게 있어서의 말뚝과 같은 상황은 : 군인이 되고자 하는 나의 꿈을 방해하는 환경이나, 게으른 생활습관, 어려운 상황이 오면 피하려는 태도 등이라고 볼 수 있습니다.

군대의 상황으로 볼 때는 상관이 부하의 태만한 행동을 고쳐 주지 않으면 아랫사람들은 안일해지거나 그런 행동을 계속한다는 것입니다. 반대로 상관의 의도를 이해하는가의 중요성을 이야기하고 있습니다.

66쪽 물음 5

1. 다른 사람의 말을 경청하고 공감해 줘야 하고 팀워크를 중요시해야 합니다.

2. 질서를 지키고 스스로 책임을 질 줄 알아야 합니다.

3. 강한 정신력과 창의성을 가져야 합니다.

4. 비판과 수용을 받아들이고 솔선수범해야 합니다.

5. 경쟁을 즐길 줄 알아야 하고 보다 더 나은 방법을 찾아야 합니다.

6. 사람과의 관계를 잘 유지해야 하며 끈기와 인내를 가져야 합니다.

| 물음 6 |

내가 사는 지역에는 20사단이 주둔하고 있습니다. 사단이다 보니 거의 대부분의 군인들이 있는 것 같고, 사단 입구 오른쪽에는 여주대학에서 사용하는 여주대학 강의실 입구가 보입니다. 알아보니 사단 내에서 배우고자 하는 군인들을 모아 대학과정을 지도한다고 합니다. 개인적으로는 나중에 군인이 되면 여기서 군사학을 좀 더 배워 보고 싶다는 생각을 했습니다.

| 물음 7 |

정보통신 : 부대 간의 소통을 지원하기 위해 유·무선, 위성 등의 각종 통신 수단을 통합하고 네트워크를 구축하여 소통을 보장함으로써 실시간 지휘와 통제가 가능하도록 지원하는 임무를 수행하는 병과

공병 : 각종 시설공사와 전장에서 아군의 기동을 보장하고, 지뢰 및 철조망 설치, 교량 폭파 등을 통해 적의 기동을 저지하는 병과

수송 : 모든 수송수단을 이용하여 인원, 장비, 물자를 적시적소에 이동시켜 주는 수단과 방법을 제공하여 완벽한 군수지원을 보장하는 병과

병기 : 대화생방 테러작전 지원과 화생방 정찰, 제독, 연막지원과 화생방 상황 하에서의 작전통제, 부대방호를 위한 보호 및 기술지원 임무를 수행하는 병과

진로독서 2 **아름다운 영웅 김영옥**

68쪽 | 물음 1 |

역사상 가장 많은 인명 피해와 재산 피해를 남긴 파괴적인 전쟁으로, 통상적으로 전쟁의 시작은 나치 독일군이 폴란드의 서쪽 국경을 침공하고, 소비에트 사회주의 공화국 연방군이 1939년 9월 17일 폴란드의 동쪽 국경을 침공한 때로 봅니다. 한편으로는 일본제국의 중화민국 침략을 시작으로 보기도 합니다. 어느 쪽이 전쟁 개시일이건 이 전쟁은 어느 나라도 이 전쟁에서 자유롭지 못했으며 일본 패망 후 많은 식민지 나라들이 독립을 하게 됩니다.

69쪽 | 물음 2 |

우리는 맥아더 장군이 인천상륙작전을 진행해서 영웅이라고 알고 있습니다. 그러나 최근 인천 자유공원에 있는 동상을 철거해야 한다는 문제가 불거지면서 맥아더 장군의 공과 실을 정확하게 구분하자는 의견들이 나오고 있습니다. 그가 인천상륙작전을 진행한 건 적의 허를 찌른 그의 작전 능력으로 높이 살 수는 있지만 그게 전쟁에 미친 영향 면에서는 꼭 좋았다고만 할 수는 없다고 생각합니다.

| 물음 3 |

꼴로레 김 : 프랑스어로 대령을 부르는 이름으로 김영옥이 참가한 전쟁에서 프랑스 사람들이 인식하고 있는 호칭

커널 김 : 김영옥이 미군이기에 붙여진 호칭

까삐땐 김 : 이탈리아 브뤼에르 인근에서의 호칭. 나치 치하에 있던 이탈리아 민간인을 구한 것 때문에 이탈리아인들이 부르는 호칭

김대령 : 한국전에 참전한 김영옥을 한국인이 부르는 호칭

70쪽 물음 4

1. ○ 2. × 3. × 4. × 5. × 6. ○ 7. ○ 8. × 9. ×

물음 5

첫째로 철모를 쓰지 않습니다. 적군이 철모를 쓰면 사격을 해 온다는 사실을 알고 안 쓰게 되었지만 나중에는 무전기로 명령을 내리는데 성가셔서 사용을 안했습니다. 두 번째는 참호를 쓰지 않습니다. 처음 두세 번은 참호에서 잤지만 어차피 죽을 목숨이라며 판초를 깔고 맨땅에서 잠을 잤습니다. 마지막은 전장에서 끼니를 거른다는 것입니다. 그 이유는 이것저것 할 일이 많은 전장에서 끼니를 다 챙길 수 없었기에 굶는 일이 많았습니다.

71쪽 물음 6

군인은 전쟁에서 나라를 지키는 일만큼이나 전쟁으로 인해 피해를 받는 약자를 지켜야 합니다. 전쟁이 일어나면 제일 피해를 보는 것이 아이들과 노인들이라고 합니다. 피난이나 대피가 가능한 여성보다 더 취약한 이들이 누구인지 살피고 그들을 돕는 것이 군인이 해야 할 또 다른 일이라고 생각합니다.

72쪽 물음 7

성실 : 계급에 상관없이 누구나 솔선수범해야 하며 군인의 의무를 다하는 것을 의미합니다.

정직 : 자신이 부하들에게 제시한 가치들을 따라 사는 것을 의미하는데 일관성과 거짓이 없음을 의미합니다.

단결 : 군은 개인이 단독으로 움직이는 것이 아닌 군대 전체의 일괄적인 움직임에 자신을 맞춰야 하는 것이며 이때 전우끼리의 단합단결은 중요한 요소입니다.

검소 : 군인은 국가와 국민으로부터 지원을 받는 직업입니다. 이윤 추구를 위한 행동이 아닌 자신을 낮추고 국가 재산을 보호해야 합니다.

명령 vs 복종 : 군대의 최고 덕목 중에 하나일지는 모르나 그것이 대의명분이 없거나 옳지 않을 경우 복종하지 않는 것이 옳은 선택입니다.

충성 vs 책임 : 대의명분을 위한 참다운 자기헌신이 충성인데 때로는 자신이 책임을 져야 하는 일과 충동을 일으킵니다. 이때 자신이 책임져야 하고 그것이 옳다고 판단되면 충성은 뒤로 갈 수 있습니다.

진로독서 3 내 꿈은 군대에서 시작되었다

73쪽 물음 1

•46~120kg 미만

- 152cm 이상~183cm 이하
- 군에서 각종 포나 전차에 탈 수 있는 한계가 있기 때문에 지나치게 크거나 몸무게가 많이 나갈 경우는 불리할 수 있고, 군용품이 일정 평균치까지만 제작이 되어 있기 때문입니다.

74쪽 **물음 2**

군인이라면 정의를 위해 싸워야 하는 것입니다. 결전에 있어 최후의 5분까지 아무리 불리한 여건이라도 포기하면 안 됩니다. 일반 상황에서도 최선을 다해 마지막까지 집중하고 최선을 다해야 합니다.

물음 3

'나 군대에서 사전 본 놈이야' 편입니다. 군대에서 사전을 볼 수 있다는 것도 신기했고, 진로에 방황하면서 고민하는 장면이 요즘 우리와 유사했습니다. 무엇보다 군대에서 나와서 계속 공모전에 떨어져도 그때마다 군대에서의 일을 생각하는 모습이 기억에 남았습니다.

물음 4

1. ○ 2. × 3. × 4. × 5. × 6. ○ 7. ○ 8. × 9. ×

75쪽 **물음 5**

최전방에 배치되었는데 그해 김일성이 죽었습니다. 그래서 비상경계 태세가 되었고, 포관을 메고 강원도 산을 올라 다녀야했습니다. 그래서 죽기 싫어서 체력을 키웠습니다. 여기에 보직이 바뀌며 보급 병이 되어 최상의 물건을 보급하기 위해서 열심히 영업을 해야 했습니다.
이런 모든 것들이 반크 대표가 되었을 때 커다란 힘이 되었습니다.

물음 6

계산하지 마라 – 계산하지 않으면 남을 배려할 수 있습니다.
위기가 아니라 '인생 최고의 찬스' – 많은 자격증, 복무기간을 호봉으로 인정받는 것
기본기는 군대에서 – 군대에서 배우는 많은 것들이 내 인생에 밑바탕이 됩니다.
누구에게나 연평도가 있다 – 어렵고 힘든 일이 있고 그것이 기회가 될 수 있습니다.

물음 7

① 교과 과정 중 한국사와 세계사가 있는데 한국사에 대한 공부를 좀 더 열심히 하고, 역사 왜곡이 요즘 너무 심한데 구체적으로 어떤 것들이 있는지 책도 보고 신문도 읽어 보겠습니다. 언어능력 평가 자료를 수시로 접해서 학교에서 배우는 언어를 어떻게 적용해야 하는지를 생각하면서 공부를 하고 무엇보다 제가 군인으로 적당한지 인성검사뿐 아니라 다양한 검사를 진행해 봐야 할 것 같습니다.

② 군인도 자기만의 특기가 있는 것이 좋다고 들었는데 어떤 대학을 진학할 건지 자격증은 뭐가 필요한지 좀 더 자세히 알아봐야겠습니다. 고등학교를 졸업하고 간다면 어떤 자격증을 미리 딸 수 있는지도 알아보면 좋을 것 같습니다.

③ 윗몸일으키기가 쉽지 않아서 잘 안 하는 편인데 좀 더 노력을 해야겠습니다. 오래 달리기는 한 번도 제대로 달려 본 적이 없습니다. 국가관이나 리더십은 어떻게 평가 받는지를 좀

더 자세히 알아보고 학교생활을 해야겠습니다. 말하기나 태도가 중요하다는 것도 처음 알았으니 열심히 연습해야겠습니다. MMPI 검사도 미리미리 진행해 보고 나 자신에 대해 알아가는 과정이 필요할 것 같습니다.

77쪽 [물음 8]

군대에서 요구되는 표현력과 리더십을 영화 〈명량〉을 보고 부하들의 배신과 12척의 배로 300여 척의 왜군을 상대로 불리한 전쟁을 이기는 이순신 장군의 고뇌와 전략, 패배감에 사로잡힌 부하들과 백성을 설득하고 자신의 목숨을 걸고 나라를 지키려는 진심의 리더십을 통해 임진왜란이라는 전쟁 속에서 영웅이 보여 주는 표현력과 진정한 리더십을 배울 수 있었습니다.

동물학자

[진로독서 1] **과학자의 서재**

83쪽 [물음 1]

어린 시절 시인과 조각가를 꿈꾸었지만 아버지의 반대로 포기했습니다. 비록 시인이나 조각가가 되지는 못했지만 시인의 감성과 조각가의 감각을 활용할 줄 아는 동물학자가 되었습니다. 그가 '통섭'을 강조하는 이유입니다.

84쪽 [물음 2]

진로에 대한 꿈과 직업은 일치될 때 가장 좋은 것이라 생각합니다. 꿈도 이루고 원하는 직업도 갖는다면 만족감도 크고 행복감도 클 것입니다.

[물음 3]

대학에서 동물학과를 전공했습니다. 대학생활을 하면서도 구체적인 진로를 설계하지 못했습니다. 그러던 중 외국인 교수를 만났고, 그의 도움으로 유학을 갔습니다. 석사와 박사과정을 마치고 한국에 돌아와 지금은 이화여대 통섭원에서 연구 중입니다.

[물음 4]

학자가 직업인 최재천은 학문이 곧 삶이라고 말합니다. 행복하게 일하고, 일을 하면 행복해지기 때문입니다.

85쪽 [물음 5]

동물을 소재로 한 애니메이션이나 영화를 소개하면 〈마당을 나온 암탉〉, 〈라이언킹〉, 〈듀마〉, 〈에이트 빌로우〉, 〈베토벤〉, 〈프리윌리〉, 〈벨과 세바스찬〉, 〈각설탕〉 등 인간과 동물이 교감하는 내용의 영화들이 감동적입니다.

86쪽　물음 1

아무래도 원숭이나 고릴라, 오랑우탄 등이 사람과 많이 닮았다고 합니다. 그렇지만 인간처럼 언어를 사용하는지는 정확하지 않습니다. 각자의 언어나 몸짓으로 소통을 하니 모두 언어는 있다고 하겠지만 인간이 말하는 글자 언어나 정확한 언어라기보다는 몸짓이나 소리에 가까운 것 같습니다. 또한 포유류들은 새끼를 낳아 기르는 과정이 인간과 많이 닮아 있다고 들었습니다. 특히 모성애가 강하다고 알고 있습니다.

87쪽　물음 2

인간에 대한 신뢰가 있느냐 없느냐의 차이일 것입니다. 빅스의 경우 인간에게 붙잡힌 새끼를 구할 수 없다면 차라리 새끼를 자유롭게 하기 위해 독이 든 먹이를 주었습니다. 반면에 개의 경우는 사람과 아이스크림을 나눠 먹고 게다가 다음 차례가 돌아가도록 배려하는 모습까지 보여 주었습니다.

88쪽　물음 3

동물행동학을 연구하기 위해 가장 필요한 것은 끈기라고 생각합니다. 동물의 생활을 관찰하고 동물들과 신뢰를 쌓기 위해서는 시간이 오래 걸리기 때문입니다.

물음 4

까치가 정전사고를 일으키는 것은 전봇대에 둥지를 틀기 때문입니다. 전봇대에 둥지를 트는 이유는 까치의 수보다 가로수가 부족하기 때문입니다. 그러므로 까치둥지를 털어내는 데 드는 예산을 가로수를 심는 데 사용한다면 가로수가 많아지고, 가로수가 많아지면 까치는 더 이상 전봇대에 둥지를 틀지 않을 것입니다.

물음 5

생략

90쪽　물음 1

자연을 스승으로 삼고 자연의 원리를 채택하여 문제를 해결하려는 기술입니다.

91쪽　물음 2

지구의 환경위기는 인간이 자연보다 우월하다고 여기는 인간중심적 세계관에서 비롯되었습니다. 그러므로 자연중심 기술을 사용한다면 문제를 해결할 수 있습니다.

물음 3

모기에게도 배울 점이 있다니……. 모기 주둥이의 모양을 본떠서 만든 끝이 점점 가늘어지는 주삿바늘이 있습니다. 이 주삿바늘의 끝은 지름이 0.2밀리미터로 기존의 바늘보다 20퍼센트나 작습니다. 이 주삿바늘의 이름은 나노패스 33주삿바늘입니다.

물음 4

생명체의 특성을 과학적으로 이용하려면 생물에 대해 잘 알아야 합니다. 생물에 대해 잘 알려면 생물의 행동을 관찰하고 연구해야 할 것입니다. 그러므로 동물행동학은 생물모방 기술을 개발하는 데 있어 중요한 역할을 할 수 있으며 상호보완의 관계가 있습니다.

92쪽 물음 5

〈참고〉 대부분의 히어로들의 힘의 근원은 유전자적 원인, 외계인, 과학실험의 긍정적 결과나 부정적 결과와 천재지변의 결과로 생긴다고 볼 수 있습니다. 본 답안을 작성 시에는 그들의 힘이 생기는 근본적인 원인을 찾아내고 그것이 어디에 속해 있는지와 과학적인 근거를 밝히는 글을 쓰는 것이 핵심임을 주지해야 합니다.

생명과학자

진로독서 1 한눈에 쏙! 생물지도

99쪽 물음 1

국립독성연구소라는 것은 무엇이며 그곳에서 구체적으로 어떤 일을 하셨나요? / 왜 그곳을 그만두고 지금의 일을 하고 계신지요? / 미디어아트연구소는 어떻게 들어갈 수 있는 곳인가요? / 미생물의 매력은 무엇인가요?

100쪽 물음 2

곰팡이류 : 장마철에 습기가 많은 지하실 벽에 거무스레하게 피어나는 것이나 먹다 남은 식빵에 푸릇푸릇 피어오르는 것

세균 : 잘 익은 김치에 들어 있는 보이지 않는 유산균이나 상한 우유 속의 수많은 균들

바이러스 : 세균보다도 훨씬 작은 크기로 현미경으로도 확인하기 어려운 미생물의 하나로 살아 있는 세포 안에 기생하여 숙주 세포로 하여금 바이러스 병징을 나타내게 함.

101쪽 물음 3

1. ∨ 2. ∨ 3. ∨ 4. ∨ 5. ∨

물음 4

뇌

물음 5

다윈

102쪽 물음 6

저는 주로 KISTI(한국과학기술정보연구원)에서 발간하는 '과학의 향기'를 주로 보는 편입니

다. 과학을 실생활과 접목해서 칼럼으로 보여 주는 '과학의 향기'에서는 실생활에 필요한 과학적 지식을 얻을 수도 있지만 과학이 어렵거나 난해하게 느껴지지 않아서 흥미롭기도 하고, 생활 속에서 벌어지는 일들을 과학적으로 규명할 수 있어서 좋은 자료라고 생각합니다. 최근 '과학의 향기'에서 본 자료를 소개한다면, 과도한 인위적인 빛은 건강하고 쾌적한 삶을 방해한다는 내용입니다. 전 세계의 불빛 지도를 본 적이 있는 이들에게는 이 기사가 흥미로운 소식일 것입니다.

진로독서 2 권오길의 괴짜 생물 이야기

103쪽 **물음 1**

104쪽 **물음 2**

이야기

물음 3

이 책은 우리가 사는 세상에 있는 다양한 생명체에 대한 이야기를 담고 있습니다. 내 얼굴에 붙은 모낭충에서 부터, 산과 들에서 서식하는 다양한 생명체에 대한 작가의 관찰 결과와 과학적 지식이 이야기처럼 묶여 있습니다. 물론 어려운 단어나 과학적 지식이 있긴 하지만 그래도 이야기 흐름을 따라가다 보면 내가 모르는 새로운 생명의 신비와 존재방식을 알게 해 주는 책입니다.

105쪽 **물음 4**

네, 저는 어릴 때부터 개미나 매미 등 곤충류를 좋아했습니다. 작은 채집함 속에 곤충을 수집하고 머리, 몸통, 날개, 촉수 등을 관찰하면서 대부분의 시간을 보냈습니다. 파브르 같은 생명과학자가 되기 위해 관련 독서도 많이 해 왔습니다.

106쪽 **물음 5**

전공분야 : 미생물학, 생물학, 생명공학, 식품공학 등
관련교과 : 생물, 분자학, 미생물, 세포, 유전 등
관련분야 : 식품, 의료, 환경, 생물 등
진로분야 : 식품연구, 유전자연구, 의료, 생물학, 생명공학, 각 회사 개발 연구소 등

107쪽　물음 1

설지유-눈 설(雪), 땅 지(地), 있을 유(有). 땅 위에 있는 눈을 비롯해서 '모든 것을 감싸다'라는 의미

108쪽　물음 2

바이오 사이언스를 직역하면 '생명과학'이라는 뜻입니다. 일반적으로 생명과학은 유전과 생명을 의미하므로 이 책도 그런 내용을 다룰 것이라고 짐작할 수 있습니다.

물음 3

1. 원래의 실험 재료 – 쥐
2. 바뀐 실험 재료 – 완두콩
3. 실험 재료가 바뀐 이유 – 완두는 자기교배가 가능하고 키우는 데 시간이 오래 걸리지 않으며, 종자를 많이 맺기 때문에 통계적인 결과를 계산하는 것이 가능하다. 또한 우열관계를 가지는 뚜렷한 대립형질들을 여러 개 가지고 있었고 이 형질을 나타내는 유전자들이 모두 다른 염색체 위에 존재해서 각각 독립적으로 유전되었기 때문에 유전의 관계를 밝히기가 좋았던 것이다.

물음 4

2. 가격이 비싸다……………………………………………………(∨)

물음 5

DNA

109쪽　물음 6

생략

요리사

115쪽　물음 1

① 미국, ② 츠지조리사전문학교, ③ 르 꼬르동 블뢰

116쪽　물음 2

〈보기 1〉 : ① 미식학 입문, ② 육류 해체, ③ 제과 제빵

〈보기 2〉 : 생략

　물음 3

맛 / 투명도 / 색감 / 질감 / 향

물음 4

난 생소한 영어나 프랑스어가 사용되고 있어서 아, 요리를 공부하려면 외국어도 많이 알아야 겠구나 하는 생각이 저절로 들게 되었어. 할 일이 많기는 하지만 하고 싶은 일이기 때문에 이런 부분조차 하나하나 익혀 나가야 할 거라고 생각해.

118쪽 　**물음 5**

1. 『에스코피에』	☑
2. 『라루스의 식도락』	☑
3. 『동의보감』	☐
4. 『헤링의 전통 및 현대 요리사전』	☑
5. 『요리 백서』	☑
6. 『통섭의 식탁』	☐

☑ 표시가 해당되는 요리책임

119쪽 　**물음 6**

소크라테스 식으로 요리를 해야 한다는 것은 소크라테스처럼 생각하라는 뜻입니다. 하다못해 식기의 위치까지, 모든 것에 질문을 던져야 합니다. 그것은 본질을 살려 요리하는 방법이지요. "여어, 소고기, 넌 정체가 뭐냐?" 이렇게 질문을 던지고 그 대답에 맞게 요리하라는 것으로 단순히 요리만 하는 것이 아니라 생각을 많이 해야 한다는 뜻이지요.

물음 7

1) "한국 음식이 먹고 싶어."

2) **정보가 잘못된 부분** : ③ 조리학과 교직과정 이수 방법은 전공과목을 22학점 이상 이수해야 하고 교직과목은 10학점 이상 이수해야 합니다. 교직과목 이수 자격은 학점 순위로 선발되는데 보통 정원의 30% 이내라야 합니다. 교직과정의 학점은 3.0 정도 유지해야 합니다.

　　잘못된 정보 수정하기 : ③ 조리학과 교직과정 이수 방법은 전공과목을 42학점 이상 이수해야 하고 교직과목은 20학점 이상 이수해야 합니다. 교직과목 이수 자격은 학점 순위로 선발되는데 보통 정원의 10% 이내라야 합니다. 교직과정의 학점은 4.0 정도 유지해야 합니다.

121쪽 **물음 1**

오곡수라, 흰수라, 잣죽, 편육, 산적, 육회, 신선로, 육개장, 너비아니구이, 전골 등

122쪽 **물음 2**

MBC 드라마 〈대장금〉입니다. 이 드라마는 탤런트 이영애 씨가 장금이 역할로 출연한 드라마로 한국의 궁중요리에 대한 큰 관심을 불러일으켰습니다. 대장금은 궁중의 의녀가 되어가는 실제 인물의 이야기인데 이 의녀가 나인으로 수라간에서 일하다 보니 궁중요리를 다루게 된 이야기입니다.

이 과정에서 궁중요리의 종류가 다양하게 소개되고 그 조리 방법도 재현됩니다. 특히 장금이가 임금님의 주치의인 만큼 보양식도 소개되어 더욱 관심을 끌었습니다. 이 드라마의 영향으로 중국, 베트남, 일본 등에 한류열풍이 불게 되어 국가적 이익뿐만 아니라 일반 사람들에게 한식과 전통요리에 대한 관심을 끌게 만들었습니다.

물음 3

1. ○ 2. ○ 3. ○ 4. ○ 5. ✕

물음 4

① 낙선재 ② 한희순 ③ 안동 ④ 제삿날 ⑤ 큰아들

123쪽 **물음 5**

음식을 가업으로 이어 가야 한다면 무엇보다 가문의 전통을 익히기 위한 기본적인 조리법을 먼저 익히고 우리 가문의 특징을 파악해야 합니다. 그런 뒤에 현대에도 그대로 전통을 고수하며 갈지 혹은 현대에 맞는 변화를 수용해야 할지를 고민해야 할 것 같습니다. 그리고 무엇보다 왜 가업을 이어 가야 하는지에 대한 마음가짐을 정확히 하는 것이 필요하다고 봅니다.

물음 6

A1 : 필요한 각종 재료를 구입하여 위생학적, 영양학적으로 저장, 관리하면서 제공될 음식을 조리하여 제공하는 직종의 자격증입니다. 제공될 음식에 대해서 계획을 세우고 조리할 재료를 선정 및 구입합니다. 검수하여 선정된 재료를 적정한 조리 기구를 사용하여 조리 업무를 수행하고, 음식을 제공하는 장소에서 조리시설 및 기구를 위생적으로 관리 및 유지합니다.

A2 : 기술자격소지자 – 동일직부분야 산업기사 이상, 기능사 이상 + 1년

관련학과 졸업자 – 전문대졸(졸업예정자). 노동부령이 정하는 산업기사수준의 기술훈련과정 이수자

비관련학과 졸업자, 순수경력자 – 대졸, 3년제 전문대졸 + 0.5년, 2년제 전문대졸 + 1년 순수경력자 – 2년

A3 : 식품위생관련법규, 식품학, 조리이론 및 원가계산, 공중 보건학 관련 시험

객관식 4지 택일형, 과목당 20문항(과목당 30분) 출제, 100점 만점에 과목당 40점 이상 전 과

목 평균 60점 이상이면 합격

A4 : 합격 후 2년

A5 : 실기시험 – 한식조리작업으로 지급된 재료로, 요구하는 작품을 시험시간 내에 1인분을 만들어야 함. 소요시간은 2시간이며 100점 만점에 60점 이상이면 합격

진로독서 3 　대가의 식탁을 탐하다

125쪽　**물음 1**

인간의 생리적 욕구에서 제일 기본은 먹는 것이 아닌가 합니다. 그런 의미에서 본다면 욕구를 해결하기 위한 것이 먼저인 것 같습니다. 그런 욕구가 해결이 되어야 인간답게 살 수 있는 다른 욕구들을 해결해 나갈 수 있다고 생각합니다. 인간의 욕구는 살아 있을 때 느끼는 것이라고 생각합니다. 그래서 생존 욕구를 채우기가 더 먼저라고 생각합니다.

126쪽　**물음 2**

시각적으로 뛰어난 음식들은 우리를 행복하게 합니다. 그리고 무엇보다 대접을 받고 있다는 느낌을 가지게 해서 스스로에 대한 자존감까지 올려 주는 역할을 한다고 생각합니다. 그리고 세계화를 시키기에는 시각적인 부분을 무시해서는 안 된다고 봅니다.

영양을 무시한 요리는 요리가 아니라고 생각합니다. 요리는 인간의 건강을 책임겨야 하기 때문에 시각적인 만족도 중요하지만 인간을 위한 근본적인 요리의 기능을 생각해야 한다고 봅니다.

물음 3

저는 레오나르도 다빈치와 요리 부분이 가장 재미있었습니다. 레오나르도 다빈치가 운영하던 식당은 '세 마리 달팽이 식당'입니다. 식당과 요리에 관한 많은 도구 제작도를 보면서 역시 천재다운 발상이라 생각했고 또 인간다운 느낌도 들었습니다. 스파게티와 포크, 와인 따개를 발명한 레오나르도 다빈치의 음식 철칙 12가지 중 몇 가지를 소개하겠습니다. 1. 배고플 때만 먹고 가벼운 음식으로 만족할 것, 4. 먹은 후에는 쉴 것, 5. 분노와 더러운 공기를 피할 것, 6. 식탁을 떠날 때는 좋은 태도를 유지할 것, 10. 변소 가는 일을 미루지 말 것 등은 건강한 식생활을 위해서도 실천해 보고 싶은 규칙입니다.

127쪽　**물음 4**

반 고흐 ↔ 감자

로시니 ↔ 송로버섯

마르셀 프루스트 ↔ 마들렌

헤밍웨이 ↔ 모히토

카사노바 ↔ 치즈

알렉상드르 뒤마 ↔ 멜론

마릴린 먼로 ↔ 샴페인

나폴레옹 ↔ 치킨 마렝고

발자크 ↔ 커피

소동파 ↔ 동파육

호치민 ↔ 쌀

레오나르도 다빈치 ↔ 요리

엘비스 프레슬리 ↔ 정크 푸드

128쪽 **물음 5**

닭에 밀가루, 파슬리, 후춧가루 등을 넣어 밑간을 한 후, 닭이 갈색이 될 때까지 프라이팬에 지져냅니다. 여기에 브랜디를 넣어 잡냄새를 날려 보냅니다. 그 다음 와인을 넉넉하게 붓고 한소끔 끓인 후 양파나 당근 같은 야채를 넣어 좀 더 끓여 냅니다. 와인, 파슬리 같은 재료를 고추장, 정종, 파로 바꾸면 바로 우리의 닭볶음이 될 만큼 빠르고 간단한 요리법을 자랑합니다.

물음 6

1위 조리과 교수

2위 외식 창업

3위 요리저널리스트(블로거 포함)

4위 요리 연구가

129쪽 **물음 7**

저는 여러분 시기에 요리사가 되고 싶은 꿈을 꾸었습니다. 처음에는 특별히 좋아하거나 하고 싶은 일이 없었는데 진로 동아리 시간에 요리 관련 독서활동을 하면서 요리사가 된다면 매우 행복할 거라고 생각했기 때문입니다. 제가 요리사가 되겠다고 했을 때 저의 가족들, 특히 어머니께서 반대하셨습니다. 어머니께서는 제가 착하고 정직하며 수학을 잘한다는 이유로 회계사가 되기를 바라셨습니다.

저는 방학 동안 이모네가 운영하는 이탈리아식 파스타 가게에서 일손을 도우며 요리사 일이 제 적성에 맞는 지 경험해 보고 결정하기로 하였습니다. 이모네 가게에서 일을 할 때 저는 서비스만 한 게 아니고 제 또래 손님들과 대화를 하며 소통의 즐거움을 맛보았습니다. 또한 이모네는 파스타에 친환경 재료를 사용했기 때문에 단골손님들이 많이 찾았으며 인근 외국인 회사의 손님들도 자주 오다보니 자연스럽게 글로벌한 환경도 접할 수 있었습니다

또한 이모네는 한 달에 한 번씩 파스타와 피자를 대량으로 만들어 지역 아동센터의 아이들에게 제공하는 나눔 활동도 하고 있었습니다. 저는 이모의 친환경, 신뢰, 나눔의 가치관이 담긴 요리사의 모습을 보면서 제 미래의 꿈을 그려보았습니다. 방학이 끝날 무렵 저는 처음보다 더 확고하게 요리사가 되는 일이 저를 즐겁게 하고 행복한 일이라는 걸 확신할 수 있었습니다. 의외로 적응을 잘하는 저를 보고 어머니께서도 제 꿈을 응원해 주기로 하셨지요. 그 결과 저는 제가 좋아하는 요리사의 꿈을 키우게 되었고 지금 이 자리까지 올 수 있었습니다. 자, 여러분도 요리사가 되고 싶나요? 그렇다면 주저 말고 도전해 보시기 바랍니다.

진로독서 1 국제가수 싸이는 게릴라다

135쪽 **물음 1**

'강남스타일' 노래는 흥겹고 춤을 추기에도 좋습니다. 반복되는 후렴구와 쉽고 재미있어 보이는 춤이 특징입니다. 막상 춤을 추어 보면 생각보다 그렇게 쉬운 춤은 아닙니다.

136쪽 **물음 2**

싸이(PSY)의 본명은 박재상입니다. 예명인 싸이는 사이코에서 따왔다고 합니다. 그 뜻은 ① 한 분야에 집착하여 평범한 생활을 하지 않는 사람. ② 정신질환을 소유하고 있는 인간입니다. 그중 싸이와 잘 어울리는 뜻은 ①번인 것 같습니다.

물음 3

프로그램 명 : 글로벌 뮤직 비디오 파노라마

가수 명 : 퀸

노래 제목 : 보헤미안 랩소디

충격을 받은 이유 : 노래 자체가 충격이었다, 노래가 너무 길었다, 그 노래에 변화가 많았다.

물음 4

다른 남성 가수들이 아주 예쁘장하고 날씬하고 모두 로봇처럼 척척 춤을 추고, 숨도 안 쉬고 춤을 추었습니다. 그러나 싸이는 그러한 외모와는 거리가 먼 남성 가수였습니다. 그래서 싸이는 웃기는 노래, 웃기는 춤으로 사람들이 웃을 수 있도록 만들어야겠다고 생각해서 음악, 춤, 비디오로 사람들을 재미있게 하는 데 최선을 다했습니다. 그것이 싸이만의 콘셉트이고 싸이가 성공할 수 있었던 방식이었습니다.

물음 5

싸이는 '가수'로서 자신만의 개성을 노래 속에서 보여 주었으며, '떼춤', '떼창'이라는 용어를 만들어 낼 만큼 늘 대중과 소통하고 함께 즐기는 음악을 하기 위해 노력했다는 점이 본받을 점입니다.

137쪽 **물음 6**

- 자신이 현재 준비하고 있는 일 : 여러 곳 오디션 정보들을 찾아보고 있습니다. 오디션을 준비하기 위해 직접 안무도 짜서 춤을 추고, 기존 노래에 가사를 새롭게 붙여서 연습을 하고 있습니다.
- 앞으로 노력하고자 하는 일 : 목소리를 더 다듬을 생각이며 몸을 더 유연하게 해서 댄스가수에도 도전할 생각입니다.

물음 7

음감, 박자감(리듬감), 건강한 신체, 끈기, 센스, 승부욕, 인성 등이 중요하다고 생각합니다.

138쪽   [물음 1]

저는 국제가수 싸이를 좋아합니다. 싸이는 집안의 반대에도 불구하고 자신이 하고 싶은 가수가 되기 위해 스스로 노력하여 국제적인 가수가 되었기 때문입니다. 또한 자신의 외모가 가수가 되기에는 부족하다는 주변의 평가에도 굴하지 않고 자신의 강점을 살려서 성공했다는 점이 싸이를 좋아하는 이유입니다.

139쪽   [물음 2]

1) 노력, 성실, 끈기

2) 노래하는 것을 좋아하고, 노래할 때 가장 행복하고, 노래를 하고, 무대 위에 오르는 상상을 할 때마다 가슴이 뛰기 때문입니다.

[물음 3]

1) 이 가수는 '비'입니다. 그는 노래 실력이 부족하다는 프로듀서의 말을 듣고 하루에 3시간씩 매일 발성 연습을 했습니다.

2) 저도 가수 비처럼 열심히 노력할 것입니다. 처음부터 실력이 좋다면 최고 좋은 조건이겠지만 실력보다 중요한 것은 노래를 좋아하는 마음과 열심히 노력하는 자세라고 생각합니다. 우선 학교생활을 충실하게 하면서도 동아리 활동이나 방과 후 활동 시간에 밴드 활동을 하면서 가수가 될 준비를 해 나갈 것입니다. 그리고 뜻이 맞는 친구들과 또래그룹을 만들어 곡을 쓰고, 공연도 열어 볼 생각입니다. 하고 싶은 일, 할 수 있는 일을 하는 것이 제게는 가장 행복한 일이기 때문입니다.

140쪽   [물음 4]

첫째, 가수가 되기 위해 많은 사람들이 겪는 시행착오를 줄여 주기 위해서입니다.

둘째, 가수가 되는 길을 철저하고 자세하게 알려 주기 위해서입니다.

[물음 5]

인생의 교차로 속 표지판, 마음 알리미, 후회 없는 삶 등

141쪽   [물음 6]

[반대 의견] 비주얼도 중요합니다. 특히 요즘처럼 보이는 것이 많은 시대, 특히 볼 수 있는 매체가 많은 시대에는 더욱 그렇다고 생각합니다. 그렇지만 노래의 근본은 보는 것이 아니라 듣는 것이라고 생각합니다. 보고 듣는 것 둘 다 중요하지만 음악의 본질이 듣는 것이기에 저는 듣는 것을 중요하게 다루는 입장에서 당연히 노래를 잘하는 것이 중요하다고 생각합니다. 가수의 생명은 비주얼로는 길지 않습니다. 조용필이 비주얼 가수였다면 '바운스'는 나올 수 없었습니다. 또한 조용필 나이에 아이돌 시절 불렀던 노래를 부르거나 아이돌 같은 춤을 추고 옷을 입는 것이 가능할까요? 예전 가수들을 보면 대부분 보컬들만 음악생활을 합니다. 이런 것을 보면서 비주얼이 더 중요하다고 볼 수는 없을 겁니다. 따라서 저는 가수가 되려면 노래를

잘하는 것이 더 중요하다고 생각합니다.

진로독서 3 가수를 꿈꾸는 네가 알아야 할 모든 것

142쪽 **물음 1**

기획사의 종류 : SM, YG, JYP, 안테나뮤직, FNC, 큐브, 울림 등

좋아하는 기획사 : YG

좋아하는 이유 : 정통 힙합을 하며 가수들의 개성을 살려 주기 때문에

143쪽 **물음 2**

YG : 2NE1, 싸이, 빅뱅, 악동뮤지션, 이하이 등

SM : 소녀시대, 동방신기, 보아, 슈퍼주니어 등

JYP : 2PM, 2AM, 미쓰에이, 박지민, 선미 등

안테나뮤직 : 정재형, 루시드폴, 박새별

큐브 : 비스트, 포미닛, 지나 등

물음 3

나는 방송사 오디션을 선택했습니다. 아무래도 요즘 오디션 프로그램이 많기도 하고 원하기만 한다면 참가 가능하며 실력을 인정받으면 여러 전문가들의 도움을 받을 수 있는 길이 많이 생기는 것 같아서 나는 방송사 오디션을 선택했습니다.

144쪽 **물음 4**

노래하면서 전달하고자 하는 메시지를 잘 전달하는가?

노래 부르는 사람의 감성을 듣는 사람이 얼마나 공감하는가?

물음 5

첫째, 정말로 프로페셔널하다는 것이다.

둘째, 자기계발 노력이 뛰어나다.

셋째, 시대의 흐름에 부합하려고 노력한다.

물음 6

앨범 기획 – 작곡가 섭외 – 프로듀싱 작업 – 그룹 멤버 결정 – 가사 공모 및 선택 – 앨범 다듬기(믹싱, 마스터링) – 비주얼 작업 – 코러스와 악기 녹음 – 노래 다듬기 – 앨범 마케팅.

145쪽 **물음 7**

닮고 싶은 가수 : 제가 닮고 싶은 가수는 씨스타의 효린입니다. 효린은 가창력이 뛰어나고 애절함이 섞인 호소력 있는 목소리가 장점입니다. 또한 효린은 춤도 잘 추어서 화려한 댄스 퍼포먼스를 잘 소화하며 무대를 장악하는 카리스마가 돋보이는 멋진 가수입니다.

내가 가수가 된다면 : 저는 청소년들에게 미래의 꿈을 이룰 수 있는 내용의 노래를 부르고 싶습니다. 제가 힘이 들 때 듣는 노래가 있습니다. 그 노래를 들으면 위로가 되고 힘이 납니다.

그 노래는 제게 힘을 내라고 합니다. 그래서 저도 청소년들에게 힘을 줄 수 있는 위로의 노래를 부르고 싶습니다.

호텔리어

진로독서 1 호텔리어 로랑의 시선

151쪽 **물음 1**

호텔리어(Hotelier)의 주된 업무는 객실예약, 고객영접, 등록안내, 객실정비, 고객사무 업무, 고객정보안내, 퇴숙 정산, 호텔 뷔페 및 연회장 관리, 이벤트, 각종 행사에 식음료 제공, 진행 업무 등이 있습니다. 호텔리어는 호텔을 이용하는 고객에게 필요한 모든 서비스를 제공하는 일을 합니다.

152쪽 **물음 2**

마이스 산업은 기존의 호텔업과 관광 위주의 산업을 시대에 맞게 영역범위를 확장하고 업그레이드하여 새롭게 탄생시킨 산업분야입니다. 황금의 손을 의미하는 미다스를 연상시키는 고부가가치 산업으로서 회의(Meeting), 포상관광(Incentives), 컨벤션(Convention), 전시회(Exhibition)의 머리글자를 따 탄생한 신조어입니다. 미다스 산업은 공해가 없고 수익성이 높아 미래 성장 동력으로 급부상하고 있으며 새로운 일자리와 고부가가치의 블루오션 산업입니다.

물음 3

당시 20대였던 큰누나

물음 4

'어떻게 이런 곳이 있을까!'라고 생각했고, '천국'이라 생각했습니다.

물음 5

큰누나와 함께 호텔을 체험하게 되었고, 원하는 대로 먹을 수 있는 아이스크림과 콘이 수북하게 쌓여 있고, 생일 때나 겨우 한 조각 맛볼 수 있는 케이크가 통째로 있는 데다 달콤한 빵과 과자들, 맛있는 음식들을 보고 호텔을 천국이라 생각하였습니다. 그 후 누나를 따라 여러 호텔을 다니면서 호텔이 멋있게 생각되었고, 호텔에서 일할 수는 없을까 생각하게 되었습니다. 고등학교 무렵에 호텔리어로 진로를 결정하게 되었습니다.

153쪽 **물음 6**

전혀 지겹지 않다고 했습니다. 근무하는 호텔이 위치한 남산은 봄, 여름, 가을, 겨울 계절이 바뀔 때마다 계절과 같이 옷을 갈아입어 남산의 연분홍빛 벚꽃과 푸른 나무들, 또 울긋불긋한 단풍과 새하얀 눈……. 이렇게 수만 가지의 모습을 지닌 일터에서 일하고 있기 때문에 지겹지 않다고 했습니다.

물음 7

비행기 티켓, 공항 이용료

물음 8

생략

진로독서 2 성적은 짧고 직업은 길다

155쪽 **물음 1**

저자 탁석산은 1956년 서울에서 태어났습니다. 경기고등학교를 거쳐 서울대학교 자연계열에 입학했으나 전공이 적성에 맞지 않는다는 것을 발견하고 고심 끝에 자퇴를 택했습니다. 첫 번째 진로 선회였습니다. 군대를 다녀와 고미술학을 전공하려고 다시 대입을 치렀으나, 내신 도입이라는 새로운 입시 제도가 꿈을 꺾었습니다. 고3 때 꼴찌였던 까닭에 가고 싶어 하던 학교에 갈 수 없었던 것입니다. 두 번째 진로 선회를 해야 했습니다. 한국외국어대학교 영어과에 입학했으나 역시 적성에는 맞지 않았습니다. 그래도 어쨌든 졸업은 했습니다. 그런 뒤 같은 대학 철학과 대학원에 입학하고 나서야 비로소 편안함을 느꼈습니다.

박사학위를 받은 뒤 한동안 백수로 지냈는데, 그 기간은 인간을 관찰할 수 있던 소중한 시간이었습니다. 2000년에 『한국의 정체성』이란 책을 내면서 직업과 인생에 큰 변화가 일어났습니다. 철학자 겸 저술가로서 꾸준히 책을 쓰고 강연을 하는 한편, KBS 1TV 책 프로그램에 출연하며 다양한 사람들을 만나고 있습니다. 일본 수도대학 도쿄 객원연구원을 지내면서 외국 구경도 했습니다. 지은 책으로는 『오류를 알면 논리가 보인다』, 『철학 읽어 주는 남자』, 『탁석산의 글쓰기』, 『한국인은 무엇으로 사는가』 등이 있습니다.

156쪽 **물음 2**

그때 제 주위에는 직업에 대해 조언해 주는 사람도, 책이나 정보도 거의 없었습니다. 그 후로도 마찬가지였습니다. 인생에서 가장 중요하다고 할 수 있는 직업을, 거의 맨땅에 헤딩하는 기분으로 그때그때 택했다고 할 수 있지요. 이 책은 그때 초겨울의 찬바람을 기억하면서 썼습니다. 그때 알았으면 더 좋았겠다 싶은 것들을 정리해 보았습니다. 이 책을 읽는 학생들이 저와 같이 불필요한 고민이나 고생을 하지 않고도 자기에게 맞는 직업을 발견하고 갖기를 바라는 마음으로 썼습니다.

물음 3

"어느 대학 어느 학과에 갈 것인가는 일단 성적이 나온 다음에 생각하면 돼. 성적이 좋을수록 선택의 폭이 넓으니까 성적을 올리는 것이 최우선이야." 이처럼 우리 사회에서는 직업에 대한 고민은 성적과 스펙을 올린 뒤로 미뤄도 된다는 논리가 성행하고 있습니다. 그러나 저자는 이런 식으로 직업을 선택하면 "나중에 후회할 확률이 아주 높고 인생이 고통에 빠질 수밖에 없다."고 이야기합니다.

그러면 어떻게 해야 즐겁고 성공적인 직업 생활을 할 수 있을까? 저자는 우선 직업 선택이 어려운 까닭을 짚어 보고, 그래도 일을 해야 인간의 존엄성을 지킬 수 있다는 점을 설명합니다. 그런 뒤 자신의 태도에 따라 어떤 직종에서 일하든 성공할 수 있다는 것을 들려줍니다.

물음 4

놀면 안 됩니다. 인간은 일을 함으로써 신성해지기 때문입니다.(80쪽) 일을 함으로써 '신성'해진다는 저자의 글을 통해 일의 중요성을 크게 깨달을 수 있었습니다. 무슨 일을 하는가보다 일을 어떻게 하는가가 더 중요합니다. 그렇다면 누구나 직업에서 성공할 수 있는 길이 열립니다."(156쪽) 자신이 몰입할 수 있는 일, 일을 하면서 행복하고 보람을 느낄 수 있는 일을 찾아야 합니다.

157쪽 **물음 5**

1. 자신이 무엇을 하고 싶은지 스스로도 잘 모른다.
2. 적성을 파악하는 일도 쉽지 않다.
3. 원하는 것과 적성에 맞는 것과 실현 사이에는 괴리가 있기 때문이라고 설명한다.
4. 직업에 대해 잘 알려면 경험해 보는 것이 가장 좋은데, 직접 경험이든 간접 경험이든 할 기회가 적다.
5. 주위 사람들이 전해 주는 직업 정보는 양이나 질이 그다지 높지 않다.
6. 흔히 접하는 텔레비전에서도 왜곡된 정보를 전파하기 일쑤다.
7. 사회가 급속하게 변해 감에 따라 오래도록 유망한 직업을 찾는 일도 쉽지 않다.
8. 수명이 늘어서 전직도 여러 번 감수해야 한다.

물음 6

저자는 가장 먼저 "세상이 불평등하다는 것을 받아들이는 데서 생각을 시작"하라고 말합니다. 저마다 능력과 환경이 다른 것을 인정하고 현실적 대책을 세워야 한다는 것입니다. 희망과 능력 사이, 능력과 성취 사이에 괴리가 있음을 받아들이는 것이 행복해질 수 있는 첫걸음이라고 설명합니다. 그러고는 자신에게 맞는 일을 찾아야 합니다. 자신에게 맞는 일이란 희망, 능력(적성, 환경, 노력, 성격), 운이 모두 맞는 것을 뜻합니다.

"지금 하는 일이 자신에게 맞는 직업이라면 직업의 종류는 중요하지 않습니다. 무슨 일을 하느냐, 즉 어떤 직업을 갖고 있느냐가 아니라 그 일을 어떻게 하느냐가 더 중요한 것입니다."라며 '불친절한 변호사보다 친절한 택시 기사가 훌륭한 직업인이라는 것을 차근차근 설명합니다. 친절한 직업인이 되겠다는 태도로 임한다면 존경받을 수 있고, 누구나 직업에서 성공할 수 있습니다. 모니카 페트의 『행복한 청소부』라는 동화에서도 비록 청소부라고 하더라도 자신이 스스로의 일을 즐기고 자부심을 가지고 해 나간다면 직업인으로서도 행복하고 타인의 존경도 받을 수 있다는 것을 알 수 있습니다.

물음 7

생략

158쪽   물음 1

저자 화운(禾耘) 이태원(李泰元)은 1937년 삼백(三白)의 고장 경북 상주에서 태어나 초등학교를 마친 뒤 1950년 서울로 올라와 경기중·고, 서울대학교 법과대학을 졸업했습니다. 50대 늦은 나이에 서강대학교 대학원에서 석사과정으로 북한학을 전공하여 이수했습니다. 1962년 대한항공(KAL)에 입사한 이래 40년 동안 항공수송 분야에 종사하면서 도쿄 지점장, 파리 지점장, 미주본부장, 기획담당 부사장, 한진그룹 경영조정실장, 한진 사장을 지냈습니다. 재직 중 남미에서부터 북아프리카까지 100여 군데 도시를 여행했고, 정년퇴직 후에도 홀로 카메라를 메고 세계 곳곳을 누비고 있습니다.

저서로 『현대항공수송론』, 『현대항공수송입문』, 『비행기 이야기』, 『이집트의 유혹, 몽골의 향수』가 있으며, 항공 발달사, 여객기의 세계, 항공우표이야기 등의 칼럼을 썼습니다. 논문으로는 『남북한 항공수송망 구성방안』, 『21세기와 미래교통의 전망』, 『미래 항공기』, 『21세기 항공수송의 전망』, 『동남권 신공항 백지화의 문제점과 향후 대책』 등이 있습니다. 또한 1천여 장의 항공 우표와 항공기 사진을 실은 사이버 항공 박물관 홈페이지(www.greatsky.kr)를 운영하고 있습니다.

159쪽   물음 2

영국 역사학자 토인비(A. J. Toynbee)는 이러한 터키를 가리켜 "인류 역사와 문명의 거대한 노천 박물관"이라 했습니다. 동양과 서양의 교차로, 그리스 로마 신화의 발상지, 기독교의 성지, 이슬람의 성지, 동서 문명의 교차로, 기독교와 이슬람이 공존하는 문명의 현장, 히타이트, 아시리아 고대 오리엔트 문명의 발상지, 기독교과 이슬람이 공존하는 나라, 동양과 서양문명의 용광로, 메소포타미아 고대 문명의 발상지, 그리스 정교와 이슬람이 공존하는 살아 있는 역사의 현장 등으로 유명한 나라입니다.

물음 3

관광통역 안내사 : 적합한 여행 장소를 검토·결정하고, 여행 코스와 일정을 계획합니다. 여행비를 산출하고 관광객의 입국에서 출국까지 모든 일정에 함께하며 인바운드(외국인의 국내관광 가이드)에는 외국어로, 아웃바운드(내국인의 외국관광 가이드)에는 현지 가이드와 함께 관광지의 역사, 문화, 관광 자원을 안내하면서 관광객들의 일정에 관한 제반 편의와 도움을 제공하는 일을 합니다.

160쪽   물음 4

나(미래의 관광통역 안내사) : 여러분, 오늘은 제가 터키의 세계적 관광지 중의 한 곳인 트로이 목마가 있는 트로이를 소개하겠습니다. 에게 해와 흑해를 잇는 다르다넬스 해협의 오른쪽 지역인 차나칼레의 히사를리크 언덕에는 트로이 전쟁이 일어난 것을 기념해서 만든 트로이 목마가 세워져 있습니다. 호메로스의 『일리아드』와 『오디세이』에 나오는 트로이 전쟁 이야기는 다음과 같습니다.

바다의 여신 테티스와 펠레우스의 결혼식에 초대받지 못한 불화의 여신 에리스가 '세상에서 가장 아름다운 여신이 가지'라며 황금 사과를 던지자, 헤라와 아프로디테, 아테네는 서로 자신이 가져야 한다며 다투었습니다. 세 여신은 트로이의 왕자 파리스에게 판결을 맡겼고, 파리스는 '세상에서 가장 아름다운 여인을 아내로 맞게 해 주겠다'고 약속한 아프로디테에게 황금 사과를 주었고, 그 대가로 파리스는 스파르타의 왕비 헬레네를 얻어 트로이로 가 버렸습니다. 갑자기 아내를 빼앗긴 스파르타의 왕 메넬라오스는 미케네 왕인 형 아가멤논과 함께 트로이 원정길에 나섰고, 이로써 트로이 전쟁이 시작되었습니다. 트로이군의 헥토르와 아이네이스, 그리스군의 아킬레우스와 오디세우스 등 수많은 영웅들이 이때부터 10여 년에 걸쳐 치열한 전투를 벌였는데 그리스군은 오디세우스가 낸 계책으로, 후퇴하는 척 트로이군을 속이고 목마를 만들어 목마를 트로이 성으로 가지고 들어가도록 유인합니다. 트로이군이 승리에 도취하여 술에 취해 잠든 사이 트로이 목마 안에 숨어 있던 그리스군이 밤에 목마에서 빠져나와 트로이 성문을 열어 잠복해 있던 그리스군을 성 안으로 들어오도록 하여 트로이 성을 함락시켰습니다. 이로 말미암아 트로이 문명은 멸망하고 말았고 수천 년을 땅 속에 묻혀 신화로만 여겨졌던 트로이 문명은 호메로스의 대서사시 『일리아드』와 『오디세이』를 읽고 트로이 문명이 실존했을 것이라고 확신했던 독일의 사업가 슐리만(Heinrich Schlieman)에 의해 발굴되어 역사적인 사실로 드러났습니다. 이렇게 트로이는 저희 곁으로 왔고 여러분과 함께할 수 있게 되었습니다.

[물음 5]

무엇보다 피곤한 이들을 위해서 안락한 잠자리와 샤워시설을 잘 갖추겠습니다. 아무래도 여행을 하다 보면 제일 걱정되는 부분이 먹는 것과 자는 것인데 그 모든 것을 해결해야 하는 호텔에서 개인적으로 더 중요하다고 생각하는 것이 잠자리입니다. 그리고 여행 중에 스파 시설이 있는 숙소라면 피로를 풀기에도 좋을 것 같습니다. 그리고 만약 제 호텔이라면 저는 방마다 각자 원하는 차를 무료로 제공해서 피곤을 풀어 주고 편안한 마음이 들게 하겠습니다.

161쪽   [물음 6]

오전에는 고궁 위주로 소개를 하고 오후에는 쇼핑과 먹을거리 위주로 소개를 하겠습니다. 그리고 저녁에는 요즘 인기를 끌고 있는 치맥 문화를 소개해 주겠습니다. 젊은이들이 가는 거리와 연인들이 사랑의 맹세를 하는 장소들을 찾아보고 몇 가지를 제시해서 그들이 가고자 하는 곳으로 안내를 하겠습니다. 그리고 여행 마지막 날에는 그들이 고향의 음식을 맛볼 수 있도록 그 나라 요리 전문점을 추천할 것입니다. 이 모든 것을 몇 가지로 만들어서 손님이 선택할 수 있도록 하겠습니다. 그리고 지리에 익숙하지 않은 이들에게 필요한 자료들을 준비해 계획표에 넣어 제공하겠습니다.

학생들이 관심 있어 하는 젊은 문화를 전시 및 기획합니다. 학생들이 서로 교류할 수 있는 장을 만듭니다. 파티 형식도 좋고 조용한 만남의 자리도 좋습니다. 그리고 음식 나누기 행사를 기획합니다. 여행경비와 일정을 정하기 위해 여행사와 대사관 사람들을 초대해 부스를 개설합니다.